〈シリーズ監修〉二村 健

ベーシック司書講座・図書館の基礎と展望 10

図書・図書館史

千 錫烈〈編著〉

学文社

〈ベーシック司書講座・図書館の基礎と展望〉 緒 言

本シリーズは，新しい司書課程に照準を合わせて編纂した。周知のように，平成20年6月11日，図書館法が改正，ただちに施行された。そのなかで，第5条だけが平成22年4月1日の施行となった。当然，22年から新しい司書課程を出発させなければならないと考え，諸準備に没頭した。しかし，実際に蓋を開けてみると，さらに2年先送りされ，全国的な実施は平成24年からとされたのである。私の所属する大学では，すでにさまざまな準備に着手していたので，旧法の下で，新しいカリキュラムを実施することを選んだ。つまり，全国より2年先駆けて司書課程を改訂したのである。

もちろん，そのためのテキストはどこにもなく，最初の授業は板書とプリントでおこなった。このシリーズの各巻には，実際に授業をおこなった試行錯誤が反映されている。授業の羅針盤は，図書館界に入った多くの卒業生の存在である。この実績が私たちの支えである。

この間，これからの図書館の在り方検討協力者会議では，議論の末，司書課程の位置づけが変わった。これまでの司書課程は，現職の図書館員に資格を与えることを目的に，司書講習で講述される内容と相当な科目を開設している大学で，司書資格を与えることができるとされていた。新しい司書課程の位置づけは，図書館員としての長い職業人生（キャリア・パス）の入り口を形成するというものである。大学生は社会人未満である。社会人である現職図書館員との違いをどこにおくか，これが新しい司書課程の核心である。

その違いをシリーズ名に表したつもりである。これからの司書課程では，キャリア・パスの入り口を形成するための基礎・基本の講述が重要である。何よりも図書館の意義を理解し，図書館を好きになってもらわなければならない。その後に，図書館員としての長い職業人生が待っている。そして，それに向けての展望がなければならない。以下に本シリーズの特徴を記す。

- **内容の厳選**：これまでの司書課程の教科書は，現職者向けという性格上仕方がなかったが，とにかく内容が高度であり，詰め込みすぎた観がある。それを，3月まで高校生であった新入生にもわかりやすい内容にまとめることをめざした。そのため，できるかぎり，内容を厳選する必要があった。どれも大事に思えたなかで，何を削ぎ落とすかで非常に悩んだ。新しい研究成果を取り込むのは当然としても，これに振り回されて総花的になることは避けたかった。普遍性のあるものは，古いものでも残すことにし，温故知新を大事に考えた。
- **1回の授業＝1章**：最近の大学では授業を15回きちんとおこなうことが徹底されている。そこで，本シリーズも15章立てにし，1回の授業で取り上げる内容を1章に記すことにした。実際の授業は，受講者の反応をみては重要なポイントを繰り返して説明したり，ときには冗談を言ったりしながら進む。90分間で講述できることは思った以上に少ない。参考になったのが，放送大学のビデオ教材を制作したことである。本シリーズでは，放送大学の教科書よりは，さらに文字数を少なめに設定した。その分，担当教員の工夫次第で，確認小テストをしたり，ビデオや写真などを利用して授業が進められるよう，余裕をもたせた。

- **将来を見据えた展望**：多くの大学では，15回目の授業を試験に当てることがおこなわれている。そこで，各巻の最後の章は，その分野の展望を記すことにした。展望とは，今後どうなっていくかの見通しである。あるいは，未来予測に属することが含まれ，予測ははずれることもあるかもしれないが，できるだけ新しい話題を盛り込んだつもりである。シリーズ名の意図をはっきりさせるためでもある。
- **わかりやすい図表**：直感的にわかるように，図表を豊富にいれることを各執筆者にお願いした。図表も大きく見やすく掲載できるように，判型も通常の教科書に多いA5判ではなくB5判を採用した。
- **豊富な資料**：実際の授業では，教科書のほかに，教員がプリントを配布したり，パワーポイントのスライドで補足したりと，さまざまである。教科書といいながら，『図書館法』の全文すら資料として掲載していないものがあるのは，どこか違うと思っていた。そこで，できるだけ，教員がプリントを作らなくてもすむように，資料集を充実させることに努めた。
- **参考文献**：これからの司書課程は，図書館員としてのキャリア・パスの入り口を形成するものである。平成20年の図書館法改正で明記されたが，図書館員になっても，研修会に参加するなど，各自の務めとして研鑽を積む必要がある。内容を精選した分を，参考文献を読んでいただくことによって，補えるように配慮した。参考文献は入手可能という点を第一に考えた。
- **自宅学習のための設問**：90分の授業に30分の自宅学習，併せて2時間が1コマの学習である。そのため，各章ごとに設問を2問程度用意した。このことにより，通信教育の学生にも利用していただけると思う。

本シリーズは，文部科学省令に規定された全ての科目を網羅するものではない。不足の部分は，他の専門家の学識に委ねたい。不完全ながらも，本シリーズが日の目を見ることができ，シリーズ各巻の執筆者に深甚なる謝意を表する。このシリーズがわが国の司書養成に役立つことを願うのみである。

平成23年6月6日

二村　健

第 10 巻　『図書・図書館史』　巻頭言

「図書館とはなにか？」という問いに，みなさんはどのように答えるだろうか。

「図書をはじめとする記録資料の収集・整理・保存をする機関」「貸出など利用者に資料や情報を提供する機関」といったことが答えとしてあがってくるであろう。

記録資料の収集・整理・保管・利用は時代を超えた図書館の本質的な機能といえるが，過去から今日まで，その内容は大きく変化をしている。たとえば，収集資料は従来の図書を中心としたものから，視聴覚資料やデジタル資料など今日では多岐に渡っているし，一部の人しか利用できなかった図書館は，公共図書館の誕生により一般公衆に開かれるようになった。こうした変化は図書館自体の発展だけではなく，その時代ごとの社会・文化・技術の影響を大きく受けて変化していったものである。逆に図書館の発展が社会・文化・技術に影響を及ぼすこともあったであろう。

本書では，社会・文化・技術の発展に関連づけながら，図書・図書館の歴史について学んでいく。エピソードや背景などを盛り込み，巻末に資料を多く採録するなど，単なる歴史的事実にとどまらない，初学者にも興味関心がわき，理解しやすい記述を執筆陣は心がけた。従来ではあまり言及されなかったドイツ・フランス・北欧といった国々についても各章を設けた。またICT（情報通信技術）のめざましい発展を受け，情報サービス史，メディア史，コンピュータの歴史についても紙幅を割いた。さらに，発展学習もできるように図書史年表・日本図書館史年表も付録した。本書が図書・図書館史の理解への第一歩になることを願っている。

監修者・共著者でもある二村健先生には，本書の編著執筆の機会を与えていただき，さらには的確なご助言を多数いただき，ご厚意に心から感謝を申し上げる。また竹之内禎先生はじめ共著者の先生方のご協力があって本書が刊行することができた。厚く御礼申し上げる。学文社の二村和樹さんには，遅筆の筆者の原稿を辛抱強く待っていただき，謝意を表したい。

平成 26 年 1 月 20 日

千　錫烈

目　次

1 古代文明と文字

人類のコミュニケーションは，まず「言葉」から始まる。その「言葉」をより長く伝えるために「文字」が誕生する。文字の誕生は今から5000年ほど前にすぎず，人類の長い歴史のなかでは比較的最近のことといえる。また文字の誕生から間もなく文書を保存する文書館・図書館の起源となる施設も誕生する。この章では，人類の誕生とコミュニケーション手段の発達について古代文明と文字の観点から概観する。

第1節　「図書館」に関する語源

「図書館」の歴史は文字の誕生とほぼ同時に始まっていたとされ，知識を収集し後世に伝える図書館は非常に長い歴史をもつものといえる。世界大百科事典（平凡社）には，「(図書館は) 人類の知的所産である図書をはじめとする記録情報を収集・蓄積し，利用しやすい形に整序あるいは加工して，求めに応じて検索し，利用に供する社会的機関」とある。

「図書館」は，元来，「ずしょかん」と発音されており，文書を管理する図書寮（ずしょりょう）の官職名が語源である。明治20年代に西洋図書館制度の導入に合わせ，発音が合成語をつくりやすい「としょ」に変化した。また「図」の正字は「圖」であり，この漢字の意味は「耕作地を囲む境界区域，米倉を囲んだ状態」を表すものである。つまり，図書館とは「図書を囲んだ館」ということになる[1]。

英語の library の語源は，「木の皮」を意味するラテン語 liber に由来する。「心が広い，自由な」という意味の liberal という語も，library とは語源的に同じである。また，bibliography（書誌学）などの結合辞 biblio は，パピルスの茎の内皮の biblo が語源であり，これは Bible（聖書）の語源にもなっている。book は製紙原料の beech（ブナ）から変化したものであり，時代的にはかなり新しい。

第2節　人類の誕生と言葉の発生

人類の誕生は，およそ700万年前に出現した最古の猿人とされるサヘラントロプス（Sahelanthropus）に起源をもつ。サヘラントロプスは，脳の容量が350cc程度でチンパンジーと同程度であったが，骨格からは直立歩行が可能だったと考えられている。およそ400万年前に登場したアウストラロピテクス（Australopithecus）は，脳の容量が500cc程度で石器を利用していた。50万年前に登場した北京原人（Homo erectus pekinensis）は，火を使っていた形跡が確認されている。20万年前に生存したと考えられる旧人（第3間氷期から第4氷期前半にかけて生存した人類の祖先の１つ）のネアンデルタール人（Homo sapiens neanderthalensis）は死者を埋葬し，花を供えた痕跡が確認されている。また，その化石から口腔を推定すると呻き声ではなく，きちんとした言語を使っていたとされるがあくまでも推測の域を出ない。

3万5000年前に登場した新人（Homo sapiens sapiens，化石現生人類の総称）は，現代人の直接の祖先である。クロマニョン人（Cro-Magnon）は精度の高い石器や骨器を作成し，呪術などもおこなっていたとされる。彼らの描いたスペインのアルタミラ（Altamira）やフランスのラスコー（Lascaux）の洞窟壁画[2]は１万5000年～１万3000年前に描かれたものである（写真1-1）。

写真1-1　ラスコー洞窟の壁画

その後，狩猟生活から農耕をもととした定住生活への転換が起こった。およそ１万年前には「豊かな三日月地帯」と称されるチグリス＝ユーフラテス川流域で農耕・牧畜がはじまり，文明社会（メソポタミア文明）が誕生する。こうして，都市化・工業化・商業化により，「誰に，何を，どのくらい渡したか」といった複雑な取引をすることになった。口頭の伝達や記憶だけでは伝えられない事柄も多くなり，記憶だけでなく記録が必要となり文字が誕生した。メソポタミア文明では楔形文字，ナイル川流域のエジプト文明では聖刻文字（ヒエログリフ），黄河流域の黄河文明では甲骨文字，インダス川流域のインダス文明ではインダス文字がそれぞれ整備されていった。

第3節　メソポタミア文明

a. 楔形文字

メソポタミア（Mesopotamia）では紀元前5000年ごろからシュメール人が定住し，紀元前3000年ごろには都市国家を形成し楔形文字と呼ばれる初期の文字体系を考案した（写真1-2）。当初は絵文字的書体だったが次第に線化・簡略化し，楔を重ねたような「楔形」へと抽象化しながら，以来3000年にわたり使用された[3]。

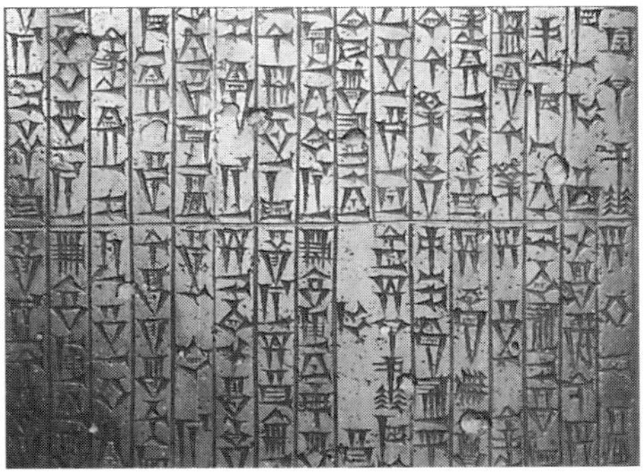

写真1-2　バビロニア王国時代の楔形文字　バビロニア王国の法律が書かれている。

楔形文字は，柔らかい粘土で書字版をつくり，その上に葦の茎でつくったペンで文字を刻み，板が硬くなるまで焼くか乾燥させて保存していた[4]。初期の粘土板の文章を解読すると穀物や家畜の数量が示された取引帳簿に関するものが多い[5]。

b. 文書館の成立

粘土板は備忘録や取引の証拠として，一カ所に集められ保管されるようになった。こうして，粘土板文書を系統立てて分類・保存した「文書館」が，早くも紀元前2700年ごろには存在したことが確認されている。たとえば，紀元前2300年ごろの古代シリア（Syria）の都市王国であるエブラ（Ebla）の宮殿遺跡からは1万7000枚もの粘土板片が発掘されており，宮殿に付属して文書館が設置されていたと考えられている。これらの粘土板を解読すると，その大半が家畜や農場の記録や織物や金属の遠隔地貿易記録，租税や法律に関する経済・行政文書であったが，神々の讃歌や呪文，歴代国王の一覧や，二カ国語辞典などの文書も見つかっており，単なる保存庫としての文書館としてだけではなく，調査研究の利用のための図書館としての性格ももち始めていたと考えられる。また，発掘時の状態から，粘土板は内容別および大きさ別に分類されて木棚に並んでいたと推測され，利用のための組織化がおこなわれていたとされる（写真1-3）。

写真1-3　（上）エブラ王宮の公文書室の発掘現場と（下）書架の想像図

紀元前1700年ごろには「目には目を，歯には歯を」で有名な現存する世界最古の成文法であるハンムラビ法典を制定したハンムラビ王（Hammurabi, 在位BC1728ごろ-BC1686ごろ）がキッシュやボルシッパといった都市に文書館をつくっている。これらの文書館でも粘土板は主題別の部屋に分類されておかれていた。

c. アッシュールバニパル王の図書館

紀元前650年ごろ，アッシリア帝国（Assyria）のアッシュールバニパル王（Ashurbanipal, 在位BC668-BC627ごろ，写真1-4）は首都ニネヴェ（Nineveh）の王宮に大規模な図書館を建設している。アッシュールバニパル王自身は読み書きが非常に堪能で，自らの王碑文に「我が先人たる諸王の誰一人として身につけることができなかった最高の筆写の技を学んだ」と刻んでいるように，文字や図書への関心が人一倍強かった。王の命により各地から集められた粘土板は，図書館において標準的な書式に直した複製をつくって蔵書とした。これらの複製された粘土板の末尾には，「アッシュールバニパル，偉大な王，強い王，世界の王，アッシリア王の宮殿の所有物」と蔵書印のような奥付が付され管理されていた。

写真1-4　アッシュールバニパル王のレリーフ
腰に2本の葦ペンを差しているのがわかる。

図書館蔵書で最も多かったのは，天地のさまざまな自然現象を将来の事件の予兆として解釈する予兆文書である。辞書や用語集などの語彙文書，呪文や祈祷などの宗教文書，医術文書も所蔵されていた。また，少数であるが文学に関する蔵書もあり，聖書のノアの大洪水に通じる最古の叙事詩である「ギルガメシュ叙事詩」（Epic of Gilgamesh）やバビロニアの創世神話「エヌマ・エリシュ」（Enuma Elish）など今日にも広く知られている作品が含まれていた。

図書館では主題ごとに部屋を割り当て，粘土板は壺に入れられ棚の上に整然と並べられていた。現代の図書館の蔵書の背表紙に分類記号が付されているように，粘土板にはタグ（内容指示札）が付けられており，どの部屋のどの棚のどの壺あったかが一目でわかるようになっていた。また，各部屋の入口には著者のリストが示され，図書館として利用しやすい工夫がなされていた。

メソポタミアのあらゆる学識と教養を収集した図書館は，アッシュールバニパル王の死後まもなく紀元前612年に，征服者によって徹底的に破壊され廃墟と化してしまう[6]。19世紀になって遺構が発見され，現在，2万点を超える粘土板が大英博物館に保存・公開されている。

第4節　エジプト文明

a. 象形文字

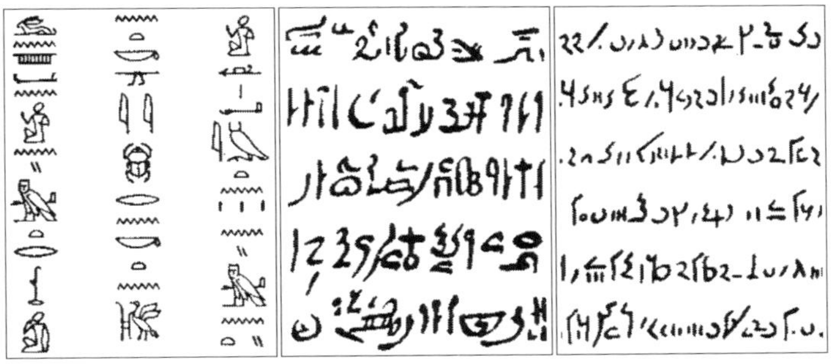
写真 1-6　聖刻文字(左)・神官文字(中)・民衆文字(右)

エジプトでも紀元前3000年ごろには聖刻文字（ヒエログリフ，英語 hieroglyph，写真1-6）という象形文字が登場する[7]。楔形文字は時代とともに書体が大きく変化していったが，聖刻文字は4世紀末ごろに使用されなくなるまで，3500年ほどの間，書体がほとんど変化しなかったのが特徴である。聖刻文字の数は，当初は700字程度であったが，ローマ帝国の占領後には5000字まで増加した。聖刻文字はその複雑さから筆記に多くの時間と手間を要するので，早く書くため簡略化した神官文字（ヒエラティック，英 Hieratic，写真1-6）が生まれた。紀元前7世紀ごろになると神官文字をさらに崩して速く書けるようにした民衆文字（デモティック，英 Demotic，写真1-6）が現れる[8]。

聖刻文字は石板に刻まれていたが，紀元前2000年ごろからはナイル川に生育するパピルス草の茎を薄く剥いで拡げたパピルス（ラテン語 papyrus，paper＝紙の語源でもある）と，葦の茎のペンが筆記具として使用されるようになり，神官文字や民衆文字は主にパピルスに書かれていた。

紀元前30年のローマ帝国のエジプト占領にともない聖刻文字は急速に衰退した。4世紀末にはまったく使用されなくなり，判読できない文字となってしまった。しかし，1799年にナポレオン（Napoleon Bonaparte, 1769-1821）がエジプト遠征の際に，上段から聖刻文字，民衆文字，ギリシャ語の文字が刻まれて石板を発見する。ロゼッタストーンと名づけられた石板は，紀元前196年にプトレマイオス5世（Ptolema-iosV, 在位 BC204-BC180）の治世を称賛する神官の布告が書かれたギリシャ語の文章をもとに，1822年，シャンポリオン（Jean Francois Champollion, 1790-1832）が解読に成功した。ロゼッタストーンは，現在，大英博物館に保存・公開されている（写真1-7）。

写真1-7　ロゼッタストーン（大英博物館蔵）

b. 古代エジプトの書記と図書館

古代エジプト人は知恵の神トトが文字を発明して，それを人間に授けたと信じており，トト神は記録を司る「書記」の神でもあった。古代エジプトでも神殿や宮殿や墓などに刻まれた聖刻文字や絵から，古くから神殿や宮殿に文書館・図書館が設けられていたことやそこで文書管理をおこなっていた書記がいたことがわかっている。

当時は上流階級に属する人々でも文字を読み書きできる人は非常に少なく，0.5～3%程度にすぎなかったと推測されている。実際に遺跡から発掘された書記の墓の立派な仕様からしても，読み書きのできる書記は非常に地位の高い存在であったことが容易に想像できる[9]。神殿図書館には書記の養成学校も併設され，教科書や文法書・歴史書・文学書・倫理書なども用意され，学生の利用に供されていた。パピルスに記す前に，石灰岩や木の板を用いて書写の練習をしていたと推定されている（写真1-8）。

写真1-8　書き取り練習をする書記学校の生徒たち

記録に残っている図書館としては，紀元前1300年ごろにラムセス2世（Ramesses II, 在位BC1290ごろ-BC1224ごろ）が首都テーベ（Thebes）の宮殿に設けた図書館が知られている。古代ローマの歴史家ディオドロス（Diodoros Siculus, BC90ごろ-BC21ごろ）は『歴史文庫』（*Bibliotheca Historica*）のなかで，この図書館の入口には「魂の治療所」と刻まれていると言及している。「魂の治療所」という名称を冠していたからには，単に行政文書を収集した文書館ではなく医学書や祈祷書や宗教書なども収蔵され図書館としての機能を有していたと推測されている。

第5節　黄河文明

a. 甲骨文字から漢字の誕生

中国では，黄河流域において紀元前5000年ごろから農耕文明が展開された。古代中国の殷（いん）（王都の名から「商」ともいう。BC1700ごろ～BC1100ごろ）の都の遺跡からは，16万点にもおよぶ亀の甲羅や牛の肩骨に刻まれた「甲骨文字」（写真1-9）が発見される。最も古いものでは紀元前1400年ごろと推定されている。甲骨文の内容は占い状況を記録する「卜辞」と当時の事件や出来事を記した「記事刻辞」という2種類に分類される。

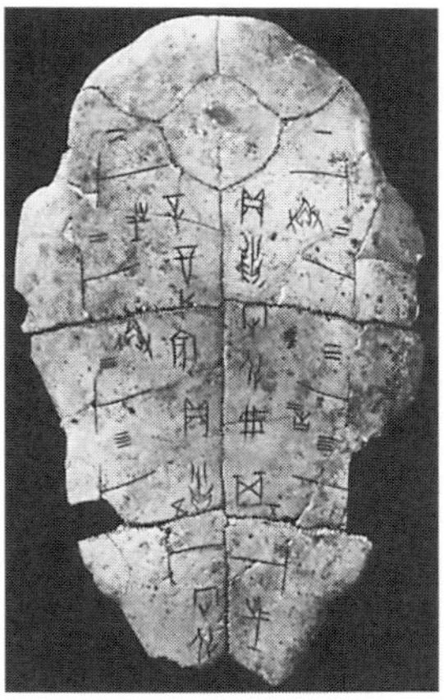
写真 1-9　甲骨文字

殷後期から周（BC1100ごろ～BC256）の時代にかけては青銅器にも文字が刻みこまれるようになり，これを「金文」という。石に刻まれた文字とあわせて「金石文」などともいわれる。金文には軍事上の手柄や祭祀儀礼の際の功労が書きこまれているが，甲骨文字と同じように象形文字に近い文字であり，地域によって字体が多様で統一されていなかった。周王朝の時代に太史籀[10]が，それまでの字体を改めて「籀文」をつくったといわれる。「籀文」は，秦の時代には「大篆」とも呼ばれた。紀元前221年に秦が中国を統一すると宰相の李斯（？-BC208）が「大篆」を改作して「小篆」をつくり文字を統一した。これが現在の漢字の原型となっている。

b. 古代中国の史官

写真 1-10　老子（横山大観画）

殷や周の時代には甲骨文の収蔵・保管が意識的におこなわれ，これらを管理するために史官や貞人という担当者が設置されていた。史官は主に文化行政を，貞人は宗教事務を担当し，甲骨に占いをおこなった日時や氏名や結果などを記録していた。道家の創始者である老子（生年没不詳，写真1-10）も，『史記』に「周守蔵室之史也（周の守蔵室の史なり）」と書かれており，周王朝の蔵書室を管理する史官で行政文書の保管を担当していたことが知られる。

甲骨に代わり，殷後期から周の時代には竹や木片を細く長く削った竹簡や木簡が使用されるようになる。竹簡や木簡は，1枚では数十文字しか書けないため，長い文章を書く際には簡を2本の糸や革で編んだ「冊」がつくられた。冊は，収蔵の際には巻かれて収蔵した。現在でも図書を数える際の単位に「冊」「巻」を用いるのは，こうした事情にもとづくものである[11]。古代の帝王たちの事績をまとめた『尚書』には「惟殷先人，有典有冊」（惟れ，殷の先人には，典あり，冊あり）という一文があり，歴史的事実を記録した典冊が保存され史官によって管理されていたことが書かれている。

竹簡や木簡は春秋戦国時代には広く普及するが，冊や巻になると大きくかさばるようになり扱いにくくなるため，軽くて持ち運びがしやすい布織物に文字を書いた「帛書」が登場する。しかし，布織物は高価であり，宮中で使用される豪華本や地図などに使用されただけで，あまり普及しなかった。時代は経るが前漢（秦の崩壊後，劉邦（高祖）が建てた統一王朝，BC202-AD8）の時代の史官である劉向（BC79ごろ -BC8ごろ）は図書の整理や校正をするときには，まず竹簡で下書きをして校正を終えたら帛書に初めて清書したとの記述があり，用途によって両者が使い分けられていたことをうかがい知ることができる。

第6節　インダス文明

インダス（Indus）文明は紀元前2600〜1800年ごろにインダス川流域に起こった文明である。この文明の代表的な二大都市はハラッパー（Harappa）とモエンジョ・ダロ（Moenjodaro）である。遺跡から上に文字，下に動物が描かれたインダス式印章が発見されているが，インダス文字はほとんど解読されていない（写真1-11）。

写真1-11　インダス文字　現在でも未解読である。

紀元前12世紀ごろには，現在のサンスクリット語（梵語）の原型ともいえるベーダ語が誕生し，紀元前4世紀にはパーニニ（Panini，生年没不詳）が『アシュターディヤーイー』（*Ashtadhyayi*）というサンスクリット語の文法書を作成し，サンスクリット語をインドの言語として定着させた。

設問

(1)　古代文明における文字と記録素材について文明ごとの特徴を900字程度で述べよ。
(2)　古代文明の文書館または図書館を1つあげ，その館の概要や所蔵資料について900字程度で説明せよ。

参考文献

1. スチュアート・AP・マレー著，日暮雅通監訳『図説図書館の歴史』原書房，2011年
2. アンドルー・ロビンソン著，片山陽子訳『図説文字の起源と歴史：ヒエログリフ・アルファベット・漢字』創元社，2006年
3. ライオネル・カッソン著，新海邦治訳『図書館の誕生－古代オリエントからローマへ－』刀水書房，2007年
4. ジョルジュ・ジャン著，矢島文夫監修『文字の歴史』創元社，1990年
5. ブリュノ・ブラセル著，荒俣宏監修『本の歴史』創元社，1998年
6. 樺山紘一『図説本の歴史』河出書房，2011年
7. 呉建中［ほか］著，沈麗云［ほか］訳『中国の図書館と図書館学：歴史と現在』京都大学図書館情報学研究会，2009年
8. 工藤一郎著『中国の図書情報文化史』つげ書房新社，2007年

注）

1）「図書」という言葉は，古代中国の占いのテキストであり儒学の経典でもある『易経』繋辞の「河出圖 洛出書 聖人則之」（河は図を出し，洛は書を出す。聖人これに則る）が語源である。河は黄河，洛は洛水を意味し，2つの川から現れた竜馬と神亀の背中に書かれていた不思議な図や文字に倣って聖人が易をつくったと

いう故事にもとづく。つまり「図書」とは図や文字を意味するのである。詳しくは，赤塚忠訳『書経・易経（抄）』平凡社，1972 年，pp. 554-559。

2）馬・山羊・羊・野牛・鹿・かもしか・人間・幾何学模様の彩画，刻線画，顔料を吹き付けて刻印した人間の手形など 500 点が描かれている。

3）紀元前後ごろには使用されなくなり，忘れ去られた文字となっていた。19 世紀に再び解読されるまでは文字ではなく装飾文様だと考えられていた。詳しくは，参考文献 2，pp.79-81 参照。

4）書字板は当初は丸い形が大半であったが，時代を経るにつれ四角へ，さらには現在のノートの罫線のように平行線を引き，長い文書も書きやすいように変化していった。詳しくは，マイケル・ローフ著，松谷敏雄監訳『古代のメソポタミア』朝倉書店，1994 年，p.69 を参照。

5）横浜ユーラシア文化館のホームページでは粘土板のデジタルアーカイブを公開しており，粘土板の文書を読むことができる（http://www.eurasia.city.yokohama.jp/ '13.9.1 現在参照可）。

6）旧約聖書のナホム書には「災いだ，流血の町は」としてアッシリア帝国の滅亡の様子が語られている。詳しくは，新共同訳『聖書』（日本聖書協会）1987 年（旧），pp.1459-1463 を参照。

7）ギリシャの歴史家のヘロドトスが，神殿に刻まれている象形文字を見て，ギリシャ語で「神聖」を意味する「ヒエロス」と「刻む」を意味する「グリュペイン」を組み合わせて「ヒエログリフ」命名したのが名前の由来である。詳しくは参考文献 4，p.31 参照。

8）神官文字は，聖職者が多く使用した文字であったと考えられている。聖刻文字が神殿，ピラミッド，勅令などに用いられるのに対し，神官文字は行政上の文書，文学作品，書簡に用いられた。民衆文字は文字のグループをまとめて記すという文字で，行政文書や日常生活で用いられた。ビル・マンディー著,鈴木まどか監訳『古代エジプト　地図で読む世界の歴史』河出書房新社，1998 年，pp.30-31 を参照。

9）書記に関する手紙も残っており，ある高官が自分の息子に宛て「文字を愛しなさい，そうすればお前はいかなる肉体労働からも解放され，高名な行政長官になれる。」と書かれていた。書記という職業がいかに重要だったかを如実に示すものである。詳しくは，ムーア・ハウス著，ねずまさし訳『文字の歴史』岩波書店，1956 年，p.146 頁を参照。

10）史官は，「大史」「小史」「内史」「外史」「御史」と役職名が細分化されており，大史は役職名，籀は人物名と考えられるが，「籀」は暗誦するという意味をもつために，人物名ではなく暗誦するための文字だとする説もある。詳しくは，阿辻哲次『図説漢字の歴史』大修館書店，1989 年，p.106 を参照。

11）ほかにも，冊に関する故事に「韋編三絶（いへんさんぜつ）」がある。これは読書に熱中するという意味であるが，孔子（BC551-BC479）が何度も繰り返し熱心に読書をしたために，簡を結んでいた革（韋）が 3 回も切れたことに由来する。

2 古代の図書・図書館史

古代西洋は，地中海世界（ギリシャ，トルコ，エジプト，ローマ）が文化の中心で，ドイツ，英国などは，まだ文化の中心地ではなかった。多数の学問・文芸の著作が登場したギリシャ，ヘレニズム期エジプトのアレクサンドリア図書館，ローマ時代の図書・図書館史について述べる。

第1節　古代ギリシャ世界

図 2-1　古代ギリシャ世界

a. 学問と文学が発展した地

古代ギリシャ世界とは，地中海世界の北側にある今日のギリシャのみならず，東側のトルコ，南側のエジプトなどを含む，ギリシャ周辺の経済・文化圏全体のことである。古代ギリシャ世界では，1つの都市が1つの国家でもあるという都市国家（ポリス）が人々の生活基盤だった。最大の都市国家アテナイを中心に，のちの人々に長く読み継がれる学問の著作や文学作品が多数現れた。古代の文献はパピルスの巻物（巻子本）であった。文字が横書きのため，縦に開いて，上から下に閲覧した。

b. 詩人の作品

文学の最初の形式は，詩だといわれている。物語のように出来事を語っていく詩を叙事詩という。ギリシャ最大の詩人ホメロス（Hómêros/Homer, BC8世紀ごろ）の『イリアス』は現在のトルコ北西部にあった都市国家イリオス（別名トロイア）をめぐる長編戦争叙事詩である。続編『オデュッセイア』は，イリオスを滅ぼした英雄オデュッセウスが故郷に帰りつくまでの冒険記である[1]。

c. 劇作家の作品

ギリシャの三大悲劇作家として，アイスキュロス（Aischylos/Aeschylus, BC525-BC456），ソフォクレス（ソポクレスとも表記，Sophoklés/Sophocles, BC496ごろ-BC406ごろ），エウリピデス（Euripides, BC486ごろ-BC406ごろ）が著名である[2]。ソフォクレスの『オイディプス王』は怪獣スフィンクス退治で王となったオイディプスが，呪われた運命の悲劇に巻き込まれる物語である。

d. 歴史家の作品

ヘロドトス（Hēródotos/Herodotus, BC485ごろ-BC420ごろ）の『歴史』は，彼が見聞した国々の歴史を紹介した書物である。トゥキュディデス（Thukydides/Thucydides, BC460ごろ-BC395）がペロポネソス戦争の経緯を記した『戦史』は，歴史的価値の高い資料といわれる[3]。

e. 哲学者ソクラテス，プラトンと学園アカデメイア，アリストテレスと学院リュケイオン

ソクラテス（Sōkratēs/Socrates, BC469ごろ-BC399）は，アテナイの青年たちに「ただ生きる

のではなく善く生きよ」と教え，最初に哲学（フィロソフィア＝知恵を愛すること）を実践した人物である。彼自身は書物を書き残していないが，弟子のプラトン（Platon/Plato, BC427-BC347）が，ソクラテスを主人公に多数の作品（対話形式で議論を描いた対話篇）を著した[4]。プラトンは紀元前387年，アテナイ郊外のアカデモスの聖林に学園アカデメイア（Akademeia）を設立し，図書館も設置した。アカデメイアは西暦529年まで存続した。

プラトンの弟子アリストテレス（Aristoteles/Aristotle, BC384-BC322）は，哲学，自然学，芸術などあらゆる分野を研究し，その後の西洋の学問の基礎をつくったため「万学の祖」と呼ばれる。アリストテレスがアテナイのアポロン・リュケイオス（アポロンと使いの狼の神殿）につくった学院リュケイオン（Lykeion）には図書館も設置されたが，のちに多くの蔵書を失った。

第2節　アレクサンドリア図書館

a. アレクサンドロス帝国とアレクサンドリア

アリストテレスに学んだギリシャ北方マケドニア王国のアレクサンドロス（Aleksandros III Megas/Alexander the Great, BC356-BC323）は周辺諸国を次々と征服し，広大で国際的な帝国を建設した。大王が33歳の若さで死去したあと，アレクサンドロス帝国は将軍たちが分割統治する。大王の学友でもあり忠実な部下でもあったマケドニア人武将プトレマイオスは，エジプトの支配を引き継ぎ，大王の死後18年目の紀元前305年，ファラオを名乗ってプトレマイオス1世ソテル（Ptolemaios I Soter/Ptolemy I Soter, BC367-BC282）となる（「ソテル」とは「救済者」という意味の称号）。彼はエジプト北部の港湾都市アレクサンドリアを首都とし，アリストテレス学派の学者を重用して古代世界最大の学術都市へと発展させる。こうしてアレクサンドリアは，プトレマイオス王朝が滅びたあとも，西暦330年にローマの新しい学問の都コンスタンティノポリスが建設されるまで，約600年にわたり学問の中心地であり続けた。

b. 王立研究所ムセイオンとアレクサンドリア図書館

アレクサンドリアには，学芸の神ムーサの名にちなんだ王立研究所ムセイオン（Mouseion）とアレクサンドリア図書館が設立された。やがて図書館のすべての資料を収容しきれなくなり，セラピス神殿に併設したセラペウム図書館（第2アレクサンドリア図書館）が建設された。第2図書館は本館以上に発展し，本館が戦禍で失われたあとには中心的な役割を果たすようになった。

c. 文献の収集，組織化，研究

アレクサンドリア図書館の蔵書収集には，主に4つの方法があった。第1に，外国の書籍市場で図書を購入すること，第2に，多くの写字生を雇って写本を製作すること，第3に，言語学者を集めて外国の本をギリシャ語に翻訳させること，第4に，港に着く船から書籍を捜索し，価値を精査して買い上げることである。こうして図書館の蔵書は，パピルスの巻子本で約50～70万巻にも及んだ。エジプト王の支援を受けた学者・詩人のカリマコス（Kallimachos/Callimachus, BC310ごろ-BC240）が蔵書を年代順にまとめた『ピナケス』（*Pinakes*）と呼ばれる蔵書目録120

巻を作成し，多くの文献学者に参照されていたといわれるが，残念ながら現存はしていない。また，第4代館長を務めたアリストファネス（Aristphanes Byzantynos, BC257ごろ-BC180, ビュザンティオン出身の書誌学者）は，多くの言語学者を集め，学者たちによる校合（きょうごう）作業（複数の類似文献の写本のなかから正確な原典を見極め，「これが最も正しい」といえる定本（ていほん）をつくり上げる作業）を進め，初のギリシャ語の大辞典『レクシス』を編纂して特筆に値する功績を残した。

d. ライバルのペルガモン図書館

ペルガモン王国（現在のトルコ周辺）のアッタロス1世（Attalos I, BC269-BC197）とエウメネス2世（Eumenes II, 在位BC197-BC159）は，エジプトのアレクサンドリア図書館に対抗して首都ペルガモン（現在のトルコのベルガマ）に大図書館（カバー写真）を建設した。図書館長にアリストファネスを招こうとしたが，事前にエジプト王に知られて阻止（そし）され，パピルスの輸出も止められてしまう。そのためペルガモン王国では別の素材で図書をつくることを始めた。それが，羊や山羊（やぎ）の皮を利用した羊皮紙（ようひし）で，やがて中世の西洋で書写素材として広く用いられることになる[5)]。

e. 破壊と終焉（しゅうえん）

紀元前48年，ローマ帝国がエジプトに進軍した際，港の艦隊が攻撃されその火災が広がってアレクサンドリア図書館の本館が破壊された。その後，エジプトはローマ帝国の領土となったが第2アレクサンドリア図書館（セラペウム図書館）は引き続き保護され学問の拠点となっていた。

大きな異変は，ローマ帝国でキリスト教が国教化されたあとに起こる。従来のギリシャ・ローマ・エジプトの神々はキリスト教を弾圧した邪教と見なされ，セラピス神殿の第2アレクサンドリア図書館も邪教文化の拠点としてキリスト教暴徒による破壊活動の対象となる。415年には，当時の著名な天文学者でアレクサンドリア図書館の女性司書でもあったヒュパティア（Hypatia, 370ごろ-415）がキリスト教暴徒に惨殺（ざんさつ）されるという事件が起こる[6)]。その後，660年にはイスラム勢力がエジプトを占領し，アレクサンドリア図書館は跡形もなく破壊されてしまう。

第3節　共和政から帝政初期のローマ

a. 共和政から帝政へ

地方の都市国家にすぎなかったローマが世界史上に影響をもつようになるのは，紀元前1世紀，共和政から帝政へ転換するころである。軍事的天才であったカエサル（Gaius Julius Caesar, BC100ごろ-BC44）が強大な軍事力を背景に独裁をおこなったが，独裁に反対する共和政支持者たちに暗殺された。その後，カエサルの部下アントニウスとカエサルの養子オクタウィアヌスの争いの果てオクタウィアヌスが勝利し，元老院（げんろういん）（ローマ中央議会）からアウグストゥス（尊厳者，ローマ市民の第一人者）の称号を授与されて初代皇帝となる[7)]。

b. 共和政時代の個人文庫から帝政時代の公開図書館へ

共和政末期までは，まだ公開図書館は設立されていなかった。有力政治家が文献を多数集めた個人文庫をもち，友人に利用させていたといわれるが，一般市民に広く公開されてはいなかった。

カエサルの死の5年後，部下で友人でもあったローマの将軍ポリオが遺志を継いで，ローマの公会堂広場の自由神殿のなかに，ローマで最初の公開図書館を建設した。続いて初代皇帝オクタウィアヌス（Gaius Julius Caesar Octavianus Augustus, BC63-AD14）が，自らの名を冠したオクタウィア図書館と，ローマ市内最大の図書館となるパラティウム図書館を設立した。

c. ローマの著述家と作品

キケロ（Marcus Tullius Cicero, BC106-BC43）は共和政ローマの有力政治家の一人だったが，カエサルとの勢力争いに負けて学問の研究・著述に専念する。彼は後世の手本となるラテン語の散文（自由形式の文章）を残し（『キケロー選集』（全16巻）岩波書店，1999-2002年），友人であるアッティクス（Titus Pomponius Atticus, BC110-BC32）の協力を得て多数の著作を出版した。個人文庫をもっており「書物なき部屋は魂なき肉体の如し」という言葉を残している。

カエサルもまた，この時代を代表する著述家である。『ガリア戦記』（近山金次訳『ガリア戦記』改版，岩波書店，1964年）は，彼がローマの将軍としてガリア地方（現在のフランス，ベルギー，スイス）を征服した戦いの記録で，格調高い文章で書かれ，歴史書としても評価が高い。

ウェルギリウス（Publius Vergilius Maro, 英語 Virgil, BC70-BC19）はローマ最大の詩人といわれ，ローマ建国の物語を語った叙事詩『アエネイス』（岡道男・高橋宏幸訳注『アエネーイス』（西洋古典叢書），京都大学学術出版会，2001年）を著した。

セネカ（Lucius Annaeus Seneca, AD1ごろ-65ごろ）は，帝政初期のローマの政治家・ストア派の哲学者・詩人・劇作家で古代ラテン文学の代表者の一人である（『セネカ哲学全集』（全6巻）岩波書店，2005-2006年／『セネカ　悲劇集』（全2巻），京都大学学術出版会，1997年）。「愛されることを望むならば，愛しなさい」という言葉を残している。

プリニウス（Gaius Plinius Secundus, AD22ごろ-79）は，ローマの博物学者，政治家，軍人で，ローマ帝国の海外領土総督を歴任する傍ら，のちの百科事典の原型となる『博物誌』(Naturalis historia)（中野定雄[ほか]訳『プリニウスの博物誌　I・II・III』雄山閣出版，1986年）を著した。全37巻から成り，天文，地理，人間，動物，昆虫，植物，薬草，動物性薬品，鉱物，彫刻，絵画，建築，宝石に関する知識がまとめられている。

d. キリスト教の登場と弾圧

紀元前後，ローマ帝国のユダヤ属州（ガリラヤ州）の町ナザレに住む大工ヨセフの妻マリアの長男インマヌエルが，ユダヤ教を背景としつつも，神の絶対の愛への信仰と，その表現としての博愛の実践を説く革新的な宗教的指導者となる。彼こそがイエス・キリスト（Jesus Christ, BC4ごろ-AD28ごろ）[8]であり，今日まで世界に最大級の影響を残した宗教家である。だが，その人類博愛の思想は，選民主義的な伝統的ユダヤ教指導者たちの反感を買い，また唯一神の信仰者の来世での勝利を説く思想は，ローマ伝統の多神教にもとづく現世の皇帝の権威を脅かすものとして帝国から危険視される。西暦64年に始まったネロ帝の弾圧以来，約250年に渡って多数のキリスト教徒が国家によって処刑，財産を没収され，地下墓地で集会を開きながら耐えていた。

第４節　五賢帝時代から西ローマ滅亡まで

a. 五賢帝時代の図書館

ローマの平和（パクス・ロマーナ）を実現した五賢帝（ネルヴァ，トラヤヌス，ハドリアヌス，アントニウス・ピウス，マルクス・アウレリウス・アントニヌス）の統治下（96-180）では，図書館事業は帝国の公共事業として，法規の編纂・整理に次いで重要なものとして位置づけられていた。図書館の建設・整備が進むにつれ，ローマ帝国の図書館行政官（procurator bibliothecum）の地位も向上した。ローマ市民のための公共施設が整備され，公共浴場にも図書館が併設されていた。図書館は文字が読める市民は誰でも利用することができた。ローマ時代の最も大規模な図書館としては，135 年には，現在のトルコ西部のエフェソスで，ローマ帝国アジア州提督セルシウス・ポレマエヌスの息子が父親の偉業を称えて巨大な図書館を建設している。このエフェソス図書館（セルシウス図書館）は，前述のアレクサンドリア図書館，ペルガモン図書館とともに古代の三大図書館といわれる。

図 2-2　ローマ帝国の最大領土（トラヤヌス帝時代）

b. キリスト教の聖書の成立

聖書は，世界で最も多くの人に読まれた書物である。神が世界と人類を創造した「創世記」に始まりユダヤ教の預言者たちについて書かれた旧約聖書（ユダヤ聖書，紀元前 3 世紀ごろ成立）と，イエスの言行録を中心とした新約聖書（2～4 世紀ごろ成立）から成る。新約聖書は，イエスの直弟子たちが書いたイエスの言行録（福音書），初期の教会の活動記録（使徒行伝），各地の信徒へのパウロの手紙，「最後の審判」を予告する予言書（ヨハネの黙示録）から成る。

c. ローマ帝国の衰退と古代キリスト教図書館の受難

パレスチナ地方のカイサリアは古代キリスト教の拠点都市の 1 つであり，キリスト教神学校と蔵書 3 万冊の付属図書館がつくられたが，ローマ帝国により没収・破壊される。ローマ帝国が領土を大幅に失って弱体化するなか，ディオクレティアヌス帝（Gaius Aurelius Valerius Diocletianus, 244-311）が帝国東西を分割統治する体制をつくった。自らは東帝として前線に近い東の都市ニコメディア（現在のトルコのイズミット）を拠点としたため，西の首都ローマは重要性を失った。同帝は最後のキリスト教大弾圧と，錬金術関連の図書没収・焼却処分をおこなった。

d. キリスト教の公認と国教化

313 年，キリスト教に理解の深かった西帝コンスタンティヌス 1 世（Gaius Flavius Valerius Constantinus, 272-337）は，東帝リキニウスと共同で「ミラノ勅令」を発し，すべての宗教に関する信教の自由を認めるというかたちでキリスト教を公認，キリスト教徒の没収財産を返還する。

しかし東帝がこれを破ってキリスト教徒を再び弾圧したため，コンスタンティヌス帝は東帝を倒し，330年，現在のトルコのイスタンブールにあった都市ビュザンティオンをノウァ・ローマ（新しいローマ）と改名して統一ローマ帝国の新しい首都とした（この都市は，まもなくコンスタンティノポリスと呼ばれた）。これによって，経済・文化の中心は，帝国の東側に移った。

391年には，帝国の衰退を止める期待を込めてテオドシウス帝がキリスト教を国教化[9)]したが，一元的な統治はむずかしく，395年，コンスタンティノポリスを首都とする東ローマ帝国とミラノを首都とする西ローマ帝国とに分裂し，以後，完全に異なる国家となる。西ローマでは衰退が止められず，476年に傭兵隊長のクーデターによって滅亡する。他方，東ローマ帝国は1453年まで存続し，中世における古代ギリシャ語文献の保存庫としての役割を果たすことになる。

設　問

(1)　本章であげた古代ギリシャ，ローマ時代の書物の内容を現代の日本語で読んでみよう。
(2)　本章で登場する人物についてインターネットで検索して詳しく調べてみよう。外国の人物の肖像や彫刻を探す際には，英語のスペルで探すとよい。

参考文献

1. 野町啓著『学術都市アレクサンドリア』（講談社学術文庫），講談社，2009年
2. 桜井万里子，本村凌二著『ギリシアとローマ』（中公文庫・世界の歴史 5），中央公論新社，2010年

注）

1）これらの作品は日本語で読むことが可能である。『イリアス（上・下）』岩波書店，2004年。『オデュッセイア（上・下）』岩波書店，2001年。『完訳イリアス』風濤社，2004年など。
2）これら3人の作品は，以下によるとよい。アイスキュロスの作品：『アガメムノーン』岩波書店，1998年。『ギリシア悲劇1』筑摩書房，1985年。ソフォクレスの作品：『オイディプス王』劇書房，2004年。『オイディプス王』岩波書店，1967年。『アンティゴネー』岩波書店，1961年。『エレクトラ』劇書房，2003年，『ギリシア悲劇2』筑摩書房，1986年。エウリピデスの作品：『ギリシア悲劇3　エウリピデス（上）』『ギリシア悲劇4　エウリピデス（下）』筑摩書房，1986年。
3）日本語では以下の文献を目にすることができる。松平千秋訳注『ヘロドトス　歴史』（上・中・下）岩波書店，1971-2年，改版2006年，ワイド版2008年。久保正彰訳『トゥーキュディデース　戦史』（上・中・下）岩波書店，1966-67年。
4）久保勉訳『ソクラテスの弁明・クリトン』（第92刷改版）岩波書店，2007年。久保勉訳『饗宴』岩波書店，改版2008年，ワイド版2009年。藤沢令夫訳『プラトン 国家』（上・下）岩波書店，初版1979年，改版2008年，ワイド版2002年。
5）英語で羊皮紙をパーチメント（parchment）と呼ぶのは，発祥地ペルガモン（Pergamon）に由来している。
6）この悲劇を描いた映画『アレクサンドリア』（2009年公開，日本では2011年公開）では，アレクサンドリア図書館の末期の様子が壮大な映像で描かれている（公式サイト http://alexandria.gaga.ne.jp/ '13.9.1現在参照可）。
7）「ローマ皇帝」は1つの職位ではなく，元老院（ローマ中央議会）からアウグストゥス（尊厳者）の称号を与えられ，帝国の最高政務官，軍の最高司令官等の要職を兼務した人物が「皇帝」と呼ばれた。
8）イエス・キリストという呼び名は「神は救い」を意味するアラム語 Yeshua のギリシャ語訳 Iesus と，「救世主」を意味するギリシャ語の Khristos（クリストゥス／ハリストス）に由来する日本独自の呼称である。
9）注6）で紹介した映画『アレクサンドリア』は，キリスト教が国教化されたのちの時代を描いている。

3 中世の図書・図書館史

西洋の歴史でいう「中世」とは，西ローマ帝国が崩壊した476年から東ローマ帝国が崩壊する1453年までの約1千年の期間をさす。①西ヨーロッパ（前期・後期），②東ローマ帝国，③イスラム世界という3つの異なる文化圏に分けて，中世の図書・図書館史を理解しよう。

第1節　中世前期の西ヨーロッパ：混乱からカロリング朝ルネサンスへ

a. アイルランドからヨーロッパ大陸へのキリスト教の逆輸入

西暦476年，西ローマ帝国という大国が崩壊し，西ヨーロッパ地域では，新たな諸王国が乱立する状況が続く。政治的・経済的にも混乱し，ギリシャからローマの時代に栄えた学問・文化の基盤が消滅したため，「暗黒の中世」（The dark ages）とも呼ばれる文化的な停滞期に入る。

ヨーロッパ大陸とブリテン島（イギリス）のキリスト教も一時消滅しかけるほどに弱まった。そのようななか，パトリキウス（Patricius, 387ごろ-461）が，ドルイド（森の賢者）を司祭とするアイルランドのドルイド教と，キリスト教との融合を図り，「わがドルイドはキリストなり」との標語のもと現地でのキリスト教布教に成功する。アイルランドを中心とした修道院では，三大ケルト装飾写本と呼ばれる「ダロウの書」(Book of Durrow)，「ケルズの書」(Book of Kells)，「リンディスファーンの書」(Lindisfarne Gospels) がつくられる。6〜8世紀に，キリスト教はアイルランドからヨーロッパ大陸へ逆輸入されるかたちで再び広がりを見せる。

図3-1　三大ケルト装飾写本が作成されたダロウ、ケルズ、リンディスファーン

中世前期の西ヨーロッパは，キリスト教修道士による修道院のなかでの文化活動が主である。西暦529年，イタリアのヌルシア出身のベネディクトゥス（Benedictus de Nursia, 480ごろ-547）が新しいタイプの修道院を開設する。独居型修道院に代わり，定住と労働の義務がある共住型修道院で，修道院図書館も設置され，写本の作成が労働義務の1つとされた。この新たなタイプの修道院にアイルランドの修道士たちが移り住み，写本製作の技術を伝えていった。スイスのザンクト・ガレン（第4章第3節）など各地の修道院で，写字生（修道士）たちが生涯をかけて，神への捧げ物として自筆で壮麗な写本を作成していった。中世前期のカトリック系修道士たちは，古代ギリシャのプラトンの著作を神学研究の理論的な基盤として重んじた。逆に，現世で人間の目に見え，手で触って確認できる世界の諸相をリアルに分析したアリストテレスの著作は，神を

ないがしろにするものとして，多くが禁書扱いにされていた[1)]。

b. カロリング朝ルネサンス

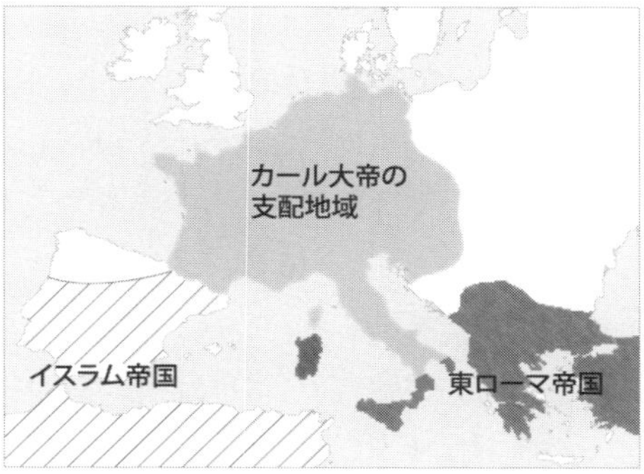

図 3-2　カール大帝時代の西ヨーロッパ地域

西ヨーロッパ諸王国のなかで最も力をもったカール大帝（742-814）[2)]のフランク王国が周辺諸国を制圧し，カトリック教会を中心とした西ヨーロッパ世界の再統合を図り，「神聖ローマ帝国」という新たなヨーロッパ帝国の枠組みをつくっていく[3)]。それにともなって文化的な復興事業もおこなわれ，学問が推奨され[4)]，「暗黒の中世」から徐々に脱することになる。キリスト教世界では，コデックス（羊皮紙を使った冊子体写本で，巻物と印刷物の中間形態の情報媒体）が使用され，それ以前の時代の巻物の書物はこの時期にコデックスに書写された。

この時期の学問の興隆は，「カロリング朝ルネサンス」[5)]と呼ばれる。

第２節　東ローマ帝国

東ローマ帝国は，西ローマ帝国の崩壊後も，領土の拡張・縮小を繰り返しながら，古代社会の延長として存続し，首都コンスタンティノポリス[6)]（現在のトルコのイスタンブール[7)]）を中心に，1453 年まで存続した。4 世紀に，コンスタンティヌス 1 世が首都に帝国図書館を設立し，古代のキリスト教関係のラテン語，ギリシャ語文献が多数集められた。6 世紀，ユスティニアヌス 1 世（Justinianus I, 483-565）は，法典『ローマ法大全』の編纂を命じた。これは世界三大法典（ハンムラビ法典，ローマ法大全，ナポレオン法典）の 1 つとして後世に長く影響を与える重要な文化的遺産となった。10 世紀には，マケドニア朝ルネサンスと呼ばれるギリシャ文化の大々的復興事業がおこなわれ，ギリシャ文献の収集，整理が国家事業として進められた。また，歴史にかかわる約 3 万語の解説をアルファベット順に収録した『スーダ辞典』がギリシャ語で編纂された（スーダ suda はラテン語で「城砦」で，城砦都市コンスタンティノポリスでつくられた辞典という意味）。9 世紀以降，西側のカトリック教会と，東ローマの教会との対立が起こる。コンスタンティノポリス総主教フォティオス（Photios, 820-897）は，「フィリオクエ問題」[8)]でカトリック側の新解釈を批判し，これが 1054 年の東西教会の根本分裂（大シスマ）の決定的契機となる。フォティオスは首都に総主教図書館を設置し，古典 280 種の抜粋である『千書』（*Myrobiblion*）を著した。

1453 年，イスラム系のオスマン帝国の猛攻撃により，要塞都市コンスタンティノポリスは陥落する。皇帝は単身突撃して戦死，東ローマ帝国は滅亡する。以後コンスタンティノポリスは，オスマン帝国の首都イスタンブールとなる。ギリシャ文化とキリスト教の中心都市で，経済の中心地でもあったコンスタンティノポリスの消滅は，文明の枠組みが大きく変動する要因となったため，東ローマ帝国の滅亡は，「中世」という時代が名実ともに終わる事変とみなされている。

第3節　イスラム世界の図書・図書館史

図 3-3　イスラム世界の主要都市

a. イスラムの登場と台頭

イスラムの開祖ムハンマド（Muhammad, 570 ごろ-632）は，アラビア半島中西部のメッカの出身で，商人として隊商交易をおこなっていたが，610 年，天使を通じて神アラーからの啓示を受け，伝道を始める。彼はメッカ北部の町メディナで布教に成功し，勢力を強めて「聖戦」（ジハード）を開始し，630 年にメッカを制圧する。以後イスラム帝国は 7〜8 世紀にアラビア半島全域を支配，さらに中央アジア，アフリカ北岸，イベリア半島にまで勢力を広げる。イスラム帝国の首都バグダードは，最盛期に人口 100 万人を超え産業革命以前における世界最大の都市となった。イスラムが急速に広がった要因として，統一されたアラビア語の存在と紙の普及があげられる（751 年のタラス河畔の戦いで，中国（唐）の捕虜から，製紙法と印刷技術がイスラム世界に伝わったといわれる）。イスラムで最も重視される書物は，第一聖典『クルアーン（コーラン）』と第二聖典『ハディース』である。前者は神が天使を通じてムハンマドに語ったものとされ，信仰，政治，法律，結婚，食生活，相続など社会生活の全般にわたって規定されている。後者はムハンマドの言行録である。

b. イスラム世界の図書館と大規模研究施設

イスラム帝国首都バクダードには宮廷図書館があった。各地のモスク（イスラム教寺院）には，11 世紀以降，アラビア語と『クルアーン』を学ぶ場として，マドラサと呼ばれる学院がつくられ，ここに写本が多数おかれて，イスラム世界の図書館の役割を果たす場所となった。

しかし，広い砂漠地帯では，図書館をもつマドラサ（学院）が設置されない地域も多いため，地方を巡回する「ラクダの移動図書館」も利用された。これが移動図書館の始まりともいわれる[9]。大規模な図書館・研究施設としては，アッバース朝イスラム帝国の君主アル＝マアムーン（al-Ma'mun, 786-833）が首都バグダードに「知恵の館」（バイト・アル＝ヒクマ）[10]と呼ばれる研究所を設立し，ギリシャ語学者を多数集めてギリシャ文献のアラビア語への翻訳事業を推進した。その結果，「知恵の館」はアラビア語訳のギリシャ文献を多数所有する図書館をもつこととなった。

c. イスラムの学問と文学

9〜10 世紀にかけて，アラビアでは数学，天文学，哲学，医学などが高度に発達した。数学では，アラビア数字（1, 2, 3, 4, 5, 6, 7, 8, 9, 0 という私たちが毎日使っている数字の記号表現）が成立し，代数学[11]と測量法が発達した。「アルゴリズム」という言葉の語源になった天文学者アル＝フワーリズミー（al-Khwarizmi, 780 ごろ-850 ごろ）は，『知識の鍵』と呼ばれる百科事典を編集した。10 世紀の学者イブン・アル＝ナディム（Ibn al-Nadim, 998 ごろ没）が編集した『一覧の書』は，非イスラムの文学，哲学，科学などの文献も幅広く取り込んだ文献目録である[12]。文学では，イブン・クタイバ（Ibn Qutaybah, 828-889）が『伝説の泉の書』と呼ばれる文芸選集を編集した。アラビアン・ナイト（千夜一夜物語）も中世イスラム世界で成立した物語であるが，作者は不明で，原型が9世紀ごろにできあがり，多くの人の手によって書き直されていったと考えられている。

d. イスラム世界を代表する2人の大学者

ペルシア（現在のイラン）の代表的知識人であるイブン・スィーナー（Ibn Sīnā, 980-1037）と，スペインのコルドバ出身のイブン・ルシュド（Ibn Rushd, 1126-1198）は，イスラム世界だけでなくヨーロッパにも大きな影響を与えた。イブン・スィーナーの『医学典範』はラテン語に訳され，17世紀ごろまでヨーロッパの大学でテキストとして使用された。イブン・ルシュドも医学百科事典を著した。両名とも古代ギリシャのアリストテレスの哲学を論じた著作を多く遺している。その著作はラテン語に訳されてヨーロッパに伝わり，12世紀以降，スコラ学が発展する契機となる。

第4節　中世後期の西ヨーロッパ

a. 生活基盤の向上と学問・文学の発展

図3-4　中世後期の西ヨーロッパ

中世後期の西ヨーロッパでは，生活基盤の面でも，農業技術革新（水車の発明，金属製農機具と畜力の活用，三圃式（さんぽしき）農業[13)]の導入）により生産技術が向上し，人口が増大し，また商品経済のセンターとして都市が形成され，各地で大学が成立し，学問が大きく発展していった。西ヨーロッパの諸都市には，東ローマ帝国のコンスタンティノポリス，イスラム帝国の首都バグダード，ダマスカス（現在のシリアの首都）などとの東方交易を通じて写本が運ばれ，西ヨーロッパにギリシャ文化，イスラム科学の成果が輸入された。3つの文化圏の中継地点であるシチリア王国の首都パレルモでは，その学識の広さから「世界の驚異」と呼ばれたフリードリヒ2世（神聖ローマ皇帝兼シチリア王）のもと，多数のアラビア語文献，ギリシャ語文献が，西ヨーロッパの学術言語であるラテン語に翻訳された[14)]。また，イスラム教徒に奪われたイベリア半島をキリスト教徒が奪還しようとした718-1492年にかけての断続的な戦争（レコンキスタ＝再征服）のなかで，キリスト教徒が奪還したスペインのトレドを拠点として，イスラム世界の医学・哲学などの文献がラテン語に翻訳されていった。

そして，信仰生活を中心とする修道院での教学ではなく，厳密な文献研究と論理性を重視する学問所・学校（ラテン語 schole→英語 school）での学問という意味で，キリスト教の理論などを対象とした「スコラ学」と呼ばれる哲学が発展する。この代表的な議論が「普遍論争」である。普遍論争とは，個々人を表す個別具体的な概念に対して，「人間」という普遍的抽象概念は「実在」するのか，実際は「名前だけ」のものなのかをめぐる議論である[15)]。この議論に事実上終止符を打った人物が『神学大全』(*Summa Theologica*) の著者で,「天使的博士」とも呼ばれるトマス・アクィナス (Thomas Aquinas, 1225ごろ-1274) である。彼は, 実在論と唯名論とを, 対立的な構図ではなく, それぞれを生かしたかたちでの統合を図ったスコラ学の大成者である[16)]。

中世後期の文学としては, 騎士道物語 (騎士の武勲や恋愛の物語) が現れた。英国では1136年ごろ, ジェフリー・オブ・モンマス (Geoffrey of Monmouth, 1100ごろ-1155ごろ) がブリテン島を支配した諸王を題材に歴史物語『ブリタニア王列伝』を著した。フィクションなので歴史書ではないが, そのなかでも聖剣エクスカリバー, 魔術師マーリン, 12名の円卓の騎士などが登場する「アーサー王物語」は後世の文学に大きな影響を与えた。フランスではカール大帝とイベリア半島のイスラム帝国の争いを描いた武勲叙事詩『ローランの歌』や恋愛物語『トリスタンとイゾルデ』, ドイツでは『ニーベルンゲンの歌』が代表的な騎士道物語である (いずれも作者不明)。

b. 大学の成立と大学図書館の登場

イタリアのボローニャでは商業活動が活発で法律家の需要が高く, 法学を中心とした大学が1088年に設立された。フランスのパリでは, 12世紀に神学を中心とする大学が成立した。英国のオックスフォードではベネディクト会修道院学校をもとに大学が設立された。大学では教科書や講義録が必須であり, 持ち運びに適した小型本が生まれ, 商業的な書籍業が発達した。それでも当時の書物は一冊ごと手づくりの羊皮紙の写本だったので, 非常に高価であり, 一般の学生には入手困難だった。1257年, パリ大学の神学部の教師ソルボン (Robert de Sorbon, 1201-1274) が学生のために学寮 (ソルボンヌ学寮) と図書館をつくり, ここに多くの写本の寄贈が寄せられた。ソルボンヌ学寮図書館の蔵書は, 1290年には1017冊, 1338年には1722冊に達した。ソルボンヌ学寮図書館をはじめ, 中世後期の図書館では, 貴重な写本を共有財産として利用するため一冊ごと鎖で書架につながれており (chained library), 読者は書見台(しょけんだい)を利用して閲読(えつどく)した。

c. 中世末期の西ヨーロッパ

13世紀までは順調に栄えた西ヨーロッパだったが, 14世紀中葉から危機的な状況に突入する。まず, ペストの大流行により全ヨーロッパ人口の3割が失われる。神聖ローマ帝国も無力化し, 英仏百年戦争が勃発, さらに東からはイスラム系のオスマン帝国からの侵略が繰り返された。

例外的に, ブルゴーニュ公国 (現在のフランス南東部) は経済的にも栄え, 豪華写本が多数集められて「中世の秋」といわれる文化的繁栄を見せた。また, ブルゴーニュ公国などで活躍したランブール兄弟らが手がけた『ベリー公のいとも豪華なる時祷書(じとうしょ)』(時祷書(じとうしょ)とは, キリスト教徒が用いる聖務日課書で, 祈祷文, 賛歌, 暦などからなる, カバー写真) は, ベリー公ジャン1世 (Jean Ier de Berry, 1340-1416) の依頼で作成された, 青色を基調とする非常に華麗な装飾写本である。

設問

(1) 中世ヨーロッパで議論された「普遍論争」について調べたことを900字程度で述べなさい。
(2) 中世の騎士道物語について調べたことを900字程度で述べなさい。

参考文献

1. 高山博『文明共存の道を求めて—地中海世界から現代をみる』(NHK 人間講座), NHK 出版, 2003 年
2. クラウス・リーゼンフーバー『西洋古代・中世哲学史』(平凡社ライブラリー), 平凡社, 2000 年

注)

1) 映画「薔薇の名前」は，このことをテーマにしている。なお，アリストテレスの著作は中世の後期にイスラム世界より西ヨーロッパに再輸入され，スコラ学の議論のなかで再評価されることになる。
2) ドイツ語ではカール・デア・グロッセ（Karl der Grosse)，フランス語ではシャルルマーニュ（Charlemagne）と呼ぶので，カール大帝を「シャルルマーニュ」と表記する場合もある。
3) 初代神聖ローマ皇帝はオットー1世とされるが，カール大帝は800年にローマ教皇からローマ皇帝の帝冠を授けられており，実質的な建国の祖はカール大帝であるといってよい。
4) イングランドの神学者アルクィン（Alcuin, 735 ごろ〜804）は，カール大帝の要請で自由学芸 7 科（文法，修辞学，論理学，算術，幾何学，音楽，天文学）を人々に教えた。これがヨーロッパの基礎教養学として定着し，今日のリベラルアーツ（大学の基礎教養学）のもととなっている。
5) カロリング朝はピピンによって 751 年に創始され，カール大帝の時期に最盛期を迎え，987 年に断絶した王朝である。
6) 英語では「コンスタンティノープル」と発音するが，本来は，コンスタンティヌス帝が建設したポリス（都市）という意味で，現地の発音では今でも「コンスタンティノポリス」と呼ばれている。
7) 日本語では「イスタンブール」と書かれることが多いので本書でもそのようにしたが，近年の世界史の教科書などでは，より現地の発音に近い「イスタンブル」と表記することが増えてきている。
8)「聖霊は，父（神）が創り，子（キリスト）によって派遣される」とするのが伝統的な解釈だったが，カトリック教会は「聖霊は父“および子”（ラテン語で Filioque フィリオクエ）が創り，派遣する」（つまり，子であるキリストも聖霊を創ることができる）という新たな解釈を打ち出した。
9) モーリーン・サワ文，ビル・スレイヴィン絵，宮木陽子・小谷正子訳『本と図書館の歴史—ラクダの移動図書館から電子書籍まで』西村書店，2010 年，p.29。
10) これとは別に，エジプトのファーティマ朝イスラム帝国のアル＝ハーキム（al-Hākim, 985-1021）が首都カイロに，天文学・医学の教育・研究機関である「知識の家」（ダール・アル＝イルム）を建てている。「知恵の館」と「知識の家」は，日本語の訳語が混乱しており，文献によっては逆に書かれたり，「知識の館」など別の表現が見られたりすることがあるので，注意が必要である。
11) 代数学とは，「y＝ax+b」など，実際の数字の代わりに記号（代数）によって数字の部分を表現し，さまざまに実際の数字を入れ替えて計算できるように数式を表現する方法論の学問である。
12)『一覧の書』の構成：1. イスラム教，ユダヤ教，キリスト教の聖典について（クルアーンとハディースを中心に） 2. 文法・修辞学　3. 歴史，伝記，系譜学　4. 文学　5. イスラム神学　6. イスラム法とハディース（ムハンマド言行録） 7. 哲学と世俗の（非宗教的な）科学　8. 伝承，寓話，魔術，奇術　9. 非一神教の教義（マニ教，ヒンドゥー教，仏教，中国思想） 10. 錬金術。
13) 畑地を三分し，①夏用の作物の畑，②冬用の作物の畑，③1年間何も育てない休耕地というふうに交代させることで同じ栄養分が土地から抜けていくことを防ぎ，地力を回復させる工夫である。
14) フリードリヒ2世はカトリック系クリスチャンであったが，イスラム教徒や，東方正教会に対しても宗教的な寛容さを示したため，当時の狭量なローマ教皇から「反キリスト（悪魔)」と呼ばれ，カトリック教会から2回破門されている。それにもかかわらず，宗教的寛容の姿勢を貫き，文化活動を保護した功績は非常に大きい。
15) もし「人間」という普遍的概念が実在せず，単なる名前だけのものであるならば，キリスト教の教義ですべての人間が共有しているとされるアダムとイヴが犯した罪は，アダムとイヴという個人の過去の罪となり，「人間」全体の現在の罪ではなくなるため，キリスト教会において，この解釈は非常に重要な問題とされた。普遍論争について，詳しくはリーゼンフーバーの参考文献 2. を参照。
16)「《普遍》は，神の知性においては《事物に先立って》存在し，世界の中においては《事物の中に》存在し，人間の知性においては《事物の後に》存在する」と述べた。

4 近世の図書・図書館史

近世とは，中世と近代の間の時代である。14 世紀以降，ヨーロッパではイタリアを中心とした大ルネサンスが起こり，さらにギリシャ文献の研究が進む。1455 年にはグーテンベルクの改良活版印刷術が発明され，出版革命が起こる。1519 年には，ルターが聖書をドイツ語訳し，活版印刷を利用した宗教改革の動きが全ヨーロッパへと波及し，文化史的にも激動の時代であった。

第 1 節　ルネサンス時代の図書・図書館史

a. 大ルネサンス

ルネサンス（Renaissance）とは「再生」を意味するフランス語で「文芸復興」とも訳され，古代ギリシャ・ローマ文化の復興運動を意味する。この意味でのルネサンスは，中世の時代にも，カロリング朝ルネサンス，マケドニア朝ルネサンスなどのかたちで見られるが，それらの最大のものは 14-16 世紀のイタリアを中心とした文化的・文芸的運動であり，大ルネサンスとも呼ばれる。ルネサンスというと，レオナルド・ダ・ヴィンチやミケランジェロらの芸術活動が有名であるが，実は大ルネサンスの中心的な活動は，ギリシャ語文献のラテン語への翻訳と研究である。近世にいたるまで，古代のギリシャ文献を最も多く継承していたのは東ローマ帝国（ビザンティン帝国）であったが，帝国は次第に領土を失い，失地に残されたギリシャ語文献がイスラム世界に継承され，さらにラテン語に訳されて西ヨーロッパに伝えられていた（第 3 章第 3 節参照）。1453 年に東ローマ帝国が崩壊すると，帝国が保有していた膨大なギリシャ語文献が，西ヨーロッパ地域に運ばれ研究されるようになった。ラテン語に翻訳された古代の文献は，活版印刷術（本章第 2 節参照）を利用して出版され，多くの知識人によって再び読まれるようになり，西ヨーロッパでは古代ギリシャ・ローマの研究がいっそう進められた。

b. ルネサンス時代の著述家と著作

ここでは 3 名の人物をあげておきたい。イタリアの大ルネサンスの先駆けといわれるダンテ（Dante Alighieri, 1265-1321）は，1307 年ごろから 1321 年までの間に，世界の文学史に多大な影響を与えた叙事詩『神曲』を著した。内容は，地獄から煉獄を経て，天国にいたるまでの死後の世界を，ダンテが尊敬する古代ローマの詩人ウェルギリウスと，ダンテが愛した女性ベアトリーチェの案内のもと旅するというものだ（当時の著作としては珍しく，ラテン語ではなくイタリアのトスカーナ地方の方言で書かれている）。

写真 4-1　ペトラルカ

また，ペトラルカ（Francesco Petrarca, 1304-1374, 写真 4-1）は，

古代ローマの著述家（キケロ）や同時代人，そして未来の人々へのメッセージをつづった『ルネサンス書簡集（しょかんしゅう）』を著している。ペトラルカは，自らが第一級の桂冠詩人（けいかんしじん）（イタリア国家によって認められた詩人）でありながら，古典文芸の復興に情熱を注ぎ，人文（じんぶん）主義（ヒューマニズム）の父ともいわれている[1]。

写真 4-2　シェイクスピア

そして，英国のルネサンスを代表する劇作家・詩人といえば，シェイクスピア（William（ウィリアム） Shakespeare（シェイクスピア）, 1564-1616, 写真 4-2）を忘れてはなるまい。四大悲劇，『ハムレット』（1600-1602 ごろ），『オセロ』（1602），『リア王』（1604-1606），『マクベス』（1606 ごろ）のほか，『ロミオとジュリエット』『ヴェニスの商人』『夏の夜の夢』『ジュリアス・シーザー』など多くの傑作を残した英国最大の文学者である。

c. ルネサンス時代の図書館

写真 4-3　ラウレンツィアーナ図書館内部

イタリアの新興自治都市フィレンツェで支配的地位にあったメディチ家は，人文（じんぶん）学者ニッコロ・ニッコーリ（Niccolo Niccoli, 1363-1437）を司書として，ギリシャ語・ラテン語の写本を収集させ，蔵書を青年たちに自由に利用させていた。この蔵書は，のちに，コジモ・デ・メディチ（Cosimo de Medici, 1389-1464）が買い上げ，聖マルコ修道院に置かれて公開され，マルティアーナ図書館となった（「マルティアーナ」はマルコのラテン語読み）。

コジモ・デ・メディチの孫でメディチ家の最盛期の大公ロレンツォ（Lorenzo（ロレンツォ） de（デ） Medici（メディチ）, 1449-1492）は，ラウレンツィアーナ図書館（写真 4-3）を創設する（「ラウレンツィアーナ」はロレンツォのラテン語読み）。この図書館の建築デザインはミケランジェロによる。ロレンツォはラスカリス（Andreas Iōannēs Laskaris, 1445 ごろ-1535）を東方に派遣し，コンスタンティノポリスやギリシャ地域からギリシャ語文献の写本を多数収集した。

第 2 節　グーテンベルクの活版印刷術と印刷物の普及

a. 東洋から伝わった活版印刷術と製紙法

「活版印刷術（かっぱんいんさつじゅつ）」と呼ばれる印刷技術は，文字を左右逆に彫った部品（活字（かつじ））を多数作成し，それらを左右逆に並べて文章をつくり，版画のように印刷するという方法である。これによって，いったん版組み（はんぐみ）（活字を並べて印刷する文章の原型をつくること）ができれば，その後はインクを付けてプレスするだけで，同じ文章の大量印刷が可能となる。活版印刷の技術自体は，11 世紀に中国で発明され，14 世紀ごろに一部のヨーロッパ地域へ伝わった。

一方，製紙法は，2世紀初頭に蔡侯紙のかたちで完成したあと，751年のイスラムと中国（唐）との戦い（タラス河畔の戦い）でイスラム勢力が占領した地域にいた唐の製紙職人が優遇をうけ，その技術がイスラム圏へ伝わった。その後，12世紀ごろからシチリア島，南部イタリア経由で徐々にキリスト教世界に浸透していった（当初は，公式の証書に紙の使用が禁じられた）。一方，8世紀末から15世紀にかけてイベリア半島（現在のスペイン）を支配していたイスラム勢力（キリスト教徒は十字軍などを派遣し「失地奪還・再征服の戦い」＝「レコンキスタ」を仕掛けた）の製紙職人たちが，別ルートでヨーロッパ世界に製紙法を伝えた。

b. グーテンベルクによる活版印刷術の改良

写真 4-4　グーテンベルク

ドイツの金属加工職人グーテンベルク（Johannes Gensfleisch zur Laden zum Gutenberg，1398ごろ-1468，写真4-4）は，1445年ごろに，それまでの印刷の個別技術を改良して新しい，より実用的な活版印刷術へと集大成した。グーテンベルクの工夫のなかで注目すべきは，次の諸点である。

①活字の鋳造装置と新しい金属の開発：活字の部品の作成は，融点の高い金属を母型とし，そこに融点の低い金属を流し込み，実際に印刷に使用する父型の活字を作成した。父型（つまり活字）の作成に使われたのは，鉛と錫とアンチモンの3つの金属の合金で，融点が低く，溶けると形が自在になり，固まると印刷するに耐えるだけの硬度があった。

②油性のインク：当時開発されて間もない油絵具を利用したもので，金属活字にもしっかりとついて，用紙にきれいに転写できるインクを使用した。

③手動の印刷機：ハンドルを回すことで全体を均一に圧搾できる，ワインをつくるぶどう搾り機をヒントに，活字による印刷が均一の印刷品質水準を保ちながら効率的におこなえる形に改良した（カバー写真）。

④紙の使用：羊皮紙ではなく，印刷用紙として中国から伝わった植物繊維が原料の紙を使用した。

グーテンベルクは，ヨハン・フストの支援により，本格的な商業印刷業を始め，1455年，ラテン語版の旧約・新約聖書を印刷する。これは『グーテンベルク聖書』あるいは『四十二行聖書』として知られる（カバー表紙）。そのほかにも，初等ラテン語教本，暦（カレンダー），贖宥状（免罪符）など，大衆向けの資料が多く刷られた。

c. 改良活版印刷術による出版革命

グーテンベルクの活版印刷術は，図書の一冊ごと手書きによる写本であった時代に比べて，大量印刷された図書が世の中に流通することを可能にした。それにより，15〜16世紀のヨーロッパに社会的・文化的な大変革をもたらすことになる（印刷革命・出版革命・大印刷時代ともいわれる）。その特徴は，以下の諸点である。

①印刷技術の全ヨーロッパへの拡大：グーテンベルクが開発をおこなったドイツのマインツから，ライン川流域に伝達し，1470年までに主要なヨーロッパ都市（ローマ，ヴェネツィア，ストラ

スブール，ニュルンベルグなど）に拡大し，印刷文化が普及した。

②量：グーテンベルクの活版印刷術が発明された1455〜1500年ごろまでの約50年の間に印刷された初期の印刷本は，インクナブラ（incunabula，英語ではインキュナブラ，揺籃期本（ようらんきぼん））といわれ，現代の貴重書とされる。この短期間に印刷された出版物の量は，それまでに手書きでつくられた写本の量をはるかに上回るといわれている。

③分野：写本時代は聖書や神学書が主だったが，法学，文学，実用とあらゆる分野に及んだ。

④形態：書籍だけではなく，小冊子やパンフレット，貼り紙もあり，簡単な情報伝達方法としても使用された。大航海時代の地理上の発見により，世界中の珍しく新しい商品の流通を促進するため，それらの商品の情報を印刷メディアが人々に提供した。

⑤言語：旧来のラテン語からフランス語やイタリア語など地方言語が加わり，読者層が拡大した。

⑥読書方法：それまで複数の人たちが集まって貴重な写本を音読するという読み方であったが，印刷本が1人ひとりの手に渡ることにより，黙読が主流になっていった。

第3節　宗教改革と読者層の拡大

a. マルティン・ルターによる宗教改革と読者層の拡大

マインツ大司教アルブレヒト（1490-1545）は2カ所の司教を兼ねて，両方から俸給（ほうきゅう）をえており，さらに第3の地位を望んだ。教皇レオ10世は，ローマ教皇庁のサン・ピエトロ大聖堂改築のための資金を献金することを条件にアルブレヒトがドイツ国内で贖宥状（しょくゆうじょう）[2)]を大々的に販売することを許可した。この事情を知っていた，マルティン・ルター（Martin Luther, 1483-1546）は，1517年10月31日，疑念を抱いて当時の習慣にしたがって自分の考えをラテン語で羊皮紙に書いてヴィッテンベルクの教会の木製の扉（“抗議の扉”）に掲げた。宣言は95項目からなっていたので『95か条の論題』[3)]と呼ばれている。その後，ルターは一般民衆が読めるように，聖書をドイツ語に翻訳する。そして，カトリック教皇庁の権威を否定して聖書のみをキリスト教の権威とし，「人は信仰のみによって義とされる」と説いた。また彼は，人々が聖書を通じて神と直接につながるという万人祭司主義（ばんにんさいししゅぎ）[4)]の立場を強調した。グーテンベルクの活版印刷術によって，ルター訳のドイツ語聖書が量産され，木版による反カトリック的な風刺画やビラ・パンフレットなどの伝達手段と並行して，農村にいたるまで，急速に読者を獲得していった。実に『論題』を掲げて以降，1518年〜1520年の3年間に出版された1680種の書籍の61.6%（年平均345種）が宗教書で，ルターの著作がその54.7%を占めていた。まさに「書籍印刷なくして宗教改革なし」だったのである（参考文献7，p.24）。

b. 破壊を免れたザンクト・ガレン修道院図書館

スイス東部のザンクト・ガレン修道院はカトリック系のベネディクト会修道院であり，図書館と文書室とがおかれていた（カバー写真）。8〜11世紀にかけて多くの貴重なザンクト・ガレン写本，インクナブラ，彩色写本など所蔵し中世西洋文化の中心的役割を担っていた。ジュネーヴで宗教改革を指導したカルヴァン（Jean Calvin, 1509-64）の影響を受けたフランスのカルヴァン派ユグノー教徒はフランスで修道院の破壊や蔵書の略奪をおこない，その蔵書の一部はジュネーヴに持ち込まれた。その一方でカトリックによる焚書・ユグノー教徒への弾圧によって，ユグノー教徒は一切の公職から追放された。そのようななか，スイスのザンクト・ガレンでの宗教改革は，チューリヒの宗教改革者ツヴィングリ（Huldreich Zwingli, 1484-1531）の親友で医者・人文主義者ヴァディアン（Joahim Vadian/Joachim von Watt, 1484-1551, 写真4-5）のもとでおこなわれた。1525年に市長になった彼は翌年に教会から聖像除去をおこなう。また修道院の廃止問題も起き1529〜1532年にかけて騒乱は極に達する。ザンクト・ガレンでも例外にもれず，ミサの廃止，偶像破壊などが徹底された。しかし，ザンクト・ガレン生まれの彼は若いころからこの図書館と文書室の資料を利用しながら勉学に励んでいたから，資料群が西洋文化の大切な宝であることを熟知していた。貴重な資料群が偶像破壊による散逸から免れることができたのは，ひとえにヴァディアンの尽力によるものであると考えられている。同修道院図書館の数多くの手稿類には彼が書き残した注釈や注解も含まれているが，彼の貴重な蔵書は，現在，ザンクト・ガレン市立図書館が所蔵している。

図4-5　ヴァディアン

c. 英国国教会の成立

英国では，「イングランド王室史上最高のインテリ」ともいわれ，プロテスタントに対するカトリック側の擁護者でもあったヘンリー8世（Henry Ⅷ, 1491-1547）が，離婚・再婚問題を契機に，カトリック教会を離脱。1534年，国王至上法によって英国国教会が成立した。なお当時，国王の側近の1人であったトマス・モア（Thomas More, 1478-1535, 写真4-6）は，近世英国の代表的な思想書として古典的名著となっている『ユートピア』を著したが，王の離婚・再婚問題に反対したために処刑されてしまった。また，英国国教会の牧師のなかから，のちに英国および米国の公共図書館の普及に貢献するトマス・ブレイが登場する（第5章および第6章を参照）。

写真4-6　トマス・モア

d. カトリック内部の対抗宗教改革

プロテスタントの宗教改革に対抗して，カトリック内部でも改革運動（「対抗宗教改革」「反宗教改革」と呼ばれる）が起こり，イグナティウス・デ・ロヨラ（Ignatius de Loyola 1491-1556）が1534年にイエズス会を設立する[5]。イグナティウスの著書として，『霊操』『ある巡礼者の物語』などがあげられる。

設 問

(1) グーテンベルクの活版印刷術は，それまでの出版手法とどのようにちがうのか，900字程度で述べなさい。

(2) 宗教改革と図書・図書館史との関係について，900字程度で述べなさい。

参考文献

1. E. L. アイゼンステイン著，別宮貞徳監訳『印刷革命』みすず書房，1987年
2. 樺山紘一編『図説本の歴史』河出書房新社，2011年
3. カレン・ブルックフィールド著，浅葉克己訳『文字と書の歴史』(「知」のビジュアル百科 13) あすなろ書房，2004年
4. 明治大学リバティアカデミー編『西洋古版本の手ほどき基礎編』(リバティアカデミーブックレット 16) 2011年
5. グーテンベルク博物館とグーテンベルク助成協会著，綱島寿秀訳，中繁雅子編『グーテンベルク博物館　マインツ　印刷と文字のための博物館』2003年
6. ロジェ・シャルティエ，グリエルモ・カヴァッロ編著，田村毅［ほか］訳『読むことの歴史—ヨーロッパ読書史』大修館書店，2000年
7. 森田安一『ルターの首引き猫—木版画で読む宗教改革—』山川出版社，1993年

注)

1) ペトラルカは，当時としては最高の情報網をもって散逸した古典文献の発掘・収集・復元に力を尽くしている。『ルネサンス書簡集』(近藤恒一訳，岩波書店，1989) には友人ジョバンニ・デリンチーザに古典文献の収集を熱心に依頼する書簡（同 pp.156-164）が収められており，このあたりの消息を伝えて興味深い。

2) 贖宥状(しょくゆうじょう)は，以前は「免罪符(めんざいふ)」と訳されることが多かったが，キリスト教徒が犯した罪の償いのプロセス（①反省，②司祭への告白，③償いの行為）のうち，3番目の「償いの行為」を金銭・労働によって減免するもので，正確には罪自体が免ぜられるわけではないので，近年では「免罪符」と訳されることが少なくなってきている。

3) 正式名称『贖宥状の意義と効果に関する見解』(ラテン語：*Disputatio pro declarationevirtutisindulgentiarum,* 英：*The Ninety-Five Theses on the Power and Efficacy of Indulgences*)。

4) すべての信仰者（教会員）は等しく祭司であるとする教理を示した。つまり「キリスト教徒は，謙虚な気持ちで聖書に接しさえすれば，だれでもこの聖典を解釈できる」とし，個々人における信仰の自由の確立を訴えたのである。

5) イグナティウス・デ・ロヨラとともにイエズス会を設立させた同志であるフランシスコ・ザビエルは，東洋への伝道を志し，日本にキリスト教をもたらした人物として知られている。

5 近現代の英国

本章では，16 世紀以降の英国の図書館について概観する。世界で初めて国の法律として「公共図書館法」が制定され，公共図書館が誕生した国でもある。公共図書館誕生の背景には，教区図書館，会員制図書館，職工図書館，貸本屋などの公共図書館の前身ともいうべき施設の存在がある。また，大英博物館図書館を起源とする英国の国立図書館である英国図書館の状況についても言及する。

第 1 節　公共図書館誕生以前の公共的図書サービス

16 世紀の英国では，絶対王政と英国国教会によってカトリック教会の修道院が閉鎖され，修道院図書館の蔵書が散逸してしまった。その受け皿の 1 つとなった大学図書館の蔵書もまた，多くが王権によって破壊された[1)]。こうした意味で，当時の人々が自由に学ぶ環境が制限されていたことは否めない。

しかし，宗教改革のさらなる展開と英国におけるルネサンスの隆盛を経て，17 世紀になると，理性にもとづいて実証的に物事をとらえる思潮が生まれ，人々が宗教をめぐる迷信や絶対的な権力にとらわれずに主体的に思考しはじめる。その 1 つの端緒となったのが，フランシス・ベーコン（Francis Bacon, 1561-1626）による『学問の進歩』（1605 年）などの著作であった[2)]。新思潮は，ブルジョワジーや学者などを含む新興の中産階級にも広まり，絶対王政と国教会の支配に抵抗する清教徒革命を導くこととなる。さらに，印刷技術の普及と，王政や国教会の支配から自由な教育機構が求められたことによって，中産階級に属する市民の読み書き能力も上昇してきていた。

このように，人々が自由に学ぶ環境が整えられてきつつあった 17 世紀には，かつて破壊された大学図書館や大聖堂図書館の再建も進んだ。その典型が，オックスフォード大学のボドリーアン図書館（Bodleian Library，写真 5-1）である。人文主義者の元外交官であるトマス・ボドリー（Sir Tomas Bodeley, 1545-1613）によって 1602 年に公開されたもので，17世紀の終わりには約 3 万冊の蔵書を有するまでになっていた。

写真 5-1　ボドリーアン図書館

その後の名誉革命では，人々が政治の中心にあることが確かめられたが，この民主制という新しい社会秩序を支える宗教的な基盤を固めるため，宣教師トマス・ブレイ（Thomas Bray, 1656

-1730）が全国に教区図書館（parish library）を設立し，聖職者や市民に宗教的な書物を提供した。さらに，中産階級の人々が主体的に学び議論する場として，図書をめぐる公共的な施設も登場した[3]。とりわけ重要なのは，①コーヒーハウス，②会員制図書館（subscription library），③貸本屋（circulating libraries）である。

まず，コーヒーハウスは，人々が新聞やパンフレット，図書を読んで自由に議論できる社交の場であり，オックスフォードで1650年に誕生したあと，多くの都市に広がっていった。読み書きできる人々が増えたことで小説やジャーナリズムが発達した結果，それらを人々が享受する場としてコーヒーハウスが登場したのである。

つぎに，18世紀後期には会員制図書館が発達をみせた。それは比較的裕福な中産階級の読書グループがそれぞれの地域で形成した教養図書館であり，学者トマス・カーライル（Thomas Carlyle, 1795-1881）が1841年につくりあげたロンドンライブラリー[4]を例にあげることができる（カバー写真）。

さらに，19世紀には貸本屋が大きく繁栄していく[5]。貸本屋は商業基盤にたつ施設で全国に存在し，小説などの娯楽書や教養書を提供した。チャールズ・ミューディ（Charles E. Mudie, 1818-1890）が1840年にロンドンに開いたミューディセレクトライブラリー[6]が貸本屋の典型といえる。

このころは，産業革命を経て機械職工という新しい勤労者が激増したが，仕事のための学びや娯楽を提供する職工図書館（mechanics' library）がバーミンガムをはじめとする各地に設立されたことも忘れてはならない。19世紀半ばまでに400館以上を数えるようになった職工図書館の蔵書は，のちに成立する公共図書館へ引き継がれることが多かった。その意味で職工図書館は，裕福な人々のみならず一般の人々にも開かれた無料公共図書館の先駆けとなったのである。

第2節　大英博物館図書館

大英博物館図書館は，1753年に大英博物館が創設された際に，図書館も博物館の一部門として併設されたことからその歴史が始まる。1757年に王室図書館を吸収し，1662年に起源をもつ著作権納本を担当する図書館となる。さらに1759年には一般公開が開始されたが，大英博物館図書館は学問・研究目的の利用に限られており，一般市民には敷居が高かったため，利用者は決して多いとはいえなかった。

写真5-2　アントニオ・パニッツィ

しかし，1814年に著作権法が改正され納本義務も拡大され，大英博物館図書館に新刊図書が大量に納本されていくようになると，それにともなって利用者数も爆発的に増大し，1810年の年間2000人から1825年には年間2万人を超えるまでになる。

大英博物館図書館の急激な蔵書と利用者の増加への対応が急務となっ

ていたが，これらの問題に対応し大英博物館図書館を英国の国立図書館として内外に誇示するまでの繁栄と発展をもたらしたのがアントニオ・パニッツィ（Sir Antonio Panizzi, 1797-1879, 写真 5-2）[7]である。「貧しい学生も金持ちと同じように，知的好奇心を満足させることができるように図書を提供するべきである」との方針のもとに徹底した収集をおこない，大英博物館の蔵書冊数はパニッツィの館長時代（1856〜66 年）に倍増した。

1839 年に当時刊本部長であったパニッツィは，増える蔵書を迅速に組織化するために「91 ヶ条の目録規則」を提案した。これは，のちの目録法にも大きな影響を与えている。実際の目録は印刷ではなく迅速に提供するために手書きの目録が採用されていた。二つ折り冊子（フォリオ判）に糊(のり)で貼り付け，必要に応じて加除ができるアルファベット順の著者目録が用意されていた。この目録は，増加する蔵書に合わせ 19 世紀末には 2000 冊以上にも達していたという。

また当時は，利用者急増にともなう閲覧席の絶対的な不足が悩みの種であった。『自由論』の著者であり哲学者・経済学者のジョン・スチュワート・ミル（John Stuart Mill, 1806-73）は，大英博物館図書館の常連で「自分専用の閲覧席を用意してほしい」と懇願したが，パニッツィが「特定の人だけを特別扱いすることはできない」と毅然として断ったというエピソードがある。パニッツィが大英博物館図書館は上流階級のための施設ではなく，社会的・経済的弱者のための施設でもあることを示した事例であるといえよう。専用閲覧席を設けてもらえず激怒したミルは，1841 年にトマス・カーライルとともに会員制のロンドンライブラリーの設立に大きく貢献することになる。

写真 5-3　大英博物館図書館円形閲覧室

1857 年に，閲覧席の改善策として大英博物館の中庭に 100 万冊の蔵書収納能力があるドーム型の円形閲覧室（写真 5-3）を設置した。この閲覧室には，364 席の研究者閲覧席が用意されていた。その閲覧席と膨大な資料を利用するため，カール・マルクスが朝 10 時の開館から午後 6 時の閉館まで毎日来館し，『資本論』を執筆したのは有名なエピソードである。ほかにも，ロンドンに滞在中の生物学者・民俗学者である南方熊楠(みなかたくまぐす)（1867-1941）や留学中の夏目漱石（1867-1916）が大英博物館図書館の常連であったという。また，鉄製の書庫や取り外し可能な鉄製書架を多用しており合理的な図書収納が可能となった。この閲覧室の方式はアイアンライブラリーと呼ばれ，1868 年築のフランス国立図書館や 1897 年築の米国議会図書館などにも採用される。この閲覧室は，グレート・コートという名称で大英博物館の一部として現在でも利用されている。

第3節　英国における公共図書館の発展

世界で初めての公共図書館に関する法律が制定されたのは，1850年の英国においてである。「公共図書館法」が制定された背景には，当時は「二つの国民」といわれた労働者階級と中産階級・上流階級との深刻な格差があったことによる。社会問題化していた労働者階級の悲惨な生活状況を改善させる社会改良施策の必要に迫られていた。法制化にともなう審議のなかで「公共図書館の設立は最も安価な警察を提供する」「公共図書館の設立は労働者階級の学問を奨励する」といった意見があったように，つまりは公共図書館を設置することで，読書を通じて教育レベルやモラルの向上を促し，貧困や犯罪を減少させ社会的安定を得るという意図があった。

この法律は地方自治体に公共図書館設立の権限を与え，図書館設立の財源として税金を新たに課すことを認めたものである。法案の骨子は，以下のとおりである。

①人口1万人以上の都市が同法の適用を受けることができる

②公共図書館法の採択には納税者の3分の2以上の賛成が必要である

③徴収した税金は図書館の建設・維持・備品完備・職員雇用などのために使用される

④図書館の利用は無料である

これは，現在の公共図書館の3原則である「無料の原則」「公開の原則」「公費支弁の原則」に沿うものであり，この法律によって英国近代公共図書館は制度的に確立されたといえよう。

この法律を適用して，初の公共図書館が1851年にウィンチェスターで開館し，次いで1852年にマンチェスターとリバプールで公共図書館が設立され，各地で図書館の整備が進められる。しかし，当初は増税に反発する納税者が多く公共図書館の整備はなかなか進まなかった。だが，1870年代から徐々に増えていき，1877年には職能団体である図書館協会も設立される。1886年までには122の自治体で公共図書館が設立される（表5-1）。そして，1887年以降に急速に整備されていくのだが，この背景には1870年制定の義務教育法による市民への教育の拡大による就学率や識字率の改善，そしてヴィクトリア女王在位50周年（1887年）の記念事業としての図書館建設のブームがあげられる。

表5-1　公共図書館を設置した自治体

年　代	自治体数	累　計
1850－59	19	19
1860－69	12	31
1870－79	48	79
1880－86	43	122
1887－1900	230	352

出典：Kelly Thomas, *History of Public Libraries in Great Britain 1845-1975,* より作成

1893年には，ロンドンの公共図書館で完全開架式閲覧室が初めて採用された。当初はパンフレットの風刺画（写真5-4）にあるように，資料の窃盗増加・利用者同士の本の取り合いや，書架の乱れなどが心配されたが，開架式の資料盗難や消耗頻度といっ

写真5-4　開架制に反対するパンフレットの挿絵

たデメリットよりも，利用者の利便性・効率性のメリットのほうが大きいため，20 世紀に入ると徐々にではあるが完全開架の図書館が増加していく。

第4節　1919 年の公共図書館法改正：現代の英国図書館

1919 年の公共図書館法の改正以降，図書館設置のための課税制限が撤廃されると，図書館設置権限が都市部以外の地域にも拡張され，農村部でも図書館サービスがおこなわれるようになった。また，都市部の図書館では，前述した開架制の導入のほかにも，分館の増設などのサービスの改善がおこなわれた[8]。

1929 年からの世界大恐慌は図書館サービスに打撃を与えたが，1933〜39 年まで図書館に対する地方自治体の支出が増加し，繁栄期を迎えた。なお，この時期に，労働者階級のための図書館から，すべての階級のための図書館という考え方に変わった。

1916 年に創設された学生中央図書館は，図書館の全国的協力体制の要となったが，1931 年に国立中央図書館として再編成され，図書館の相互貸借のためのクリアリングハウス（各図書館のもつ目録情報の交換所）になった。

1939 年からの第二次世界大戦は図書館のサービスを低下させたが，入手がしにくくなった図書に対する利用者からのこれまでにない要求に対処するために，開館時間の確保や臨時の分館を設けるなどした。また，他機関と共同して，数多くの講演会や映画会などをおこなった。これらの活動は，コミュニティの生活のなかでの図書館を定着させ，戦後の発展への道を用意することになった。

写真 5-5　英国図書館

戦前から，小規模自治体にも図書館設置権があり，図書館当局として図書館を運営したが，人口が少ない自治体では十分なサービスができないという問題点があった。第二次世界大戦後に，この改善が求められたが，図書館設置権を取り上げられる自治体の抵抗もあり改善は難航した。そこで，自治体の人口だけでなく，図書館の支出額も考慮したうえで，効果的な図書館サービスをおこなうための基本的要件と，図書館相互協力のための機構について，調査がされた。これらの調査をふまえて，1964 年に公共図書館・博物館法が成立した。この法律は，すべての図書館当局に対し「包括的かつ効果的なサービス」を提供することを求めた。また，新しく図書館設置権を求めることができるのは，人口 4 万人以上の自治体とされた。それでも小規模自治体による図書館当局は残ったが，1972 年に成立した地方自治法により，図書館当局の数は 465 から 163 に減少し，より適切な人口と予算規模で図書館が運営されるようになった。

これらの動きと並行して，図書館相互協力のための新たな図書館全国組織も検討された。1972年に英国図書館法が成立し，4つの国立図書館（大英博物館図書館，国立中央図書館など）が統合し，英国図書館（写真5-5）となった。この改革により，全国的規模で包括的かつ合理的なサービスをする組織が創出され，公共図書館のみならず，大学図書館や専門図書館に対して最後の拠り所となる図書館となったのである。

設問

(1) 教区図書館，コーヒーハウス，会員制図書館，貸本屋，職工図書館という，公共図書館登場以前の公共施設のなかから2つ選択し，その特徴（立地・蔵書構成・利用者層など）について900字程度で述べなさい。
(2) 公共図書館の開架制導入のメリットについて調べ，900字程度で述べなさい。

参考文献

1. エルマー・D・ジョンソン著，小野泰博訳『西欧の図書館史』帝国地方行政学会，1974年
2. ウィリアム・マンフォード著，藤野寛之訳『ペニー・レイト：イギリス公共図書館史の諸相1850-1950』金沢文圃閣，2007年
3. 佐藤政孝『図書館発達史』みずうみ書房，1986年
4. 清水一嘉『イギリスの貸本文化』図書出版社，1994年
5. トーマス・ケリー，イーデス・ケリー著，原田勝，常磐繁訳『イギリスの公共図書館』東京大学出版会，1983年
6. 藤野幸雄，藤野寛之『図書館を育てた人々 イギリス編』日本図書館協会，2007年

注）

1）16世紀イギリスの図書館事情については，参考文献1のp.264を参照。
2）ベーコンの著作にはじまる近代科学的な思考は，18世紀を通じて深化され，チェンバーズ（Ephraim Chambers, 1680ごろ-1740）による『百科事典』（1728）や，スコットランドで刊行された『ブリタニカ百科事典』（1771）などにも影響を与えた。
3）中産階級に属する学者や法律家などの知識人は私設文庫を設けることも多く，17〜18世紀ごろの英国には都市を中心に100以上存在して，中産階級の人々による学問研究を支えた。たとえば，ロンドンのコットン郷（*Sir* Robert Cotton, 1571-1631）の文庫は，ベーコンを含む知識人たちに公開されていた。私設文庫は，その後，大学図書館，大英博物館，文庫所在地の地方公共団体の蔵書に加えられた。英国の私設文庫一般について，詳しくは，参考文献1のpp.356-366を参照。
4）当時の大英博物館図書館の使いづらさを批判してつくられたもので，現存している。
5）貸本屋開設の背景には，新聞閲覧所（ニューズルーム）やコーヒーハウスの影響があった。参考文献4のp.51を参照。
6）新聞や雑誌を使って書籍を宣伝し，新作の大量かつ迅速な買い入れなどを通じて，当時の英国小説の出版や流通と密接に結びつきながら発展したが，小説出版形態の変化などから1937年に閉店した。
7）パニッツィは，1823年イタリアから亡命して英国に渡った人物である。1831年に大英博物館図書館員としてのキャリアをスタートし，1856年には図書館長にまで登りつめた。
8）本節の記述は英国全体ではなく，イングランドとウェールズについてのものである。スコットランドでも，イングランドとウェールズと前後して同様な法律が成立している。また，図書館の状況も同様となっている。

6 近現代の米国

アメリカ合衆国（以下，米国）は，1620年にピルグリム・ファーザーズ（Pilgrim Fathers）の一団が上陸して植民地の歴史が始まり，1776年に独立宣言によって英国から独立する。米国で最初の本格的な公共図書館は1854年に設立されたボストン公共図書館であるが，それ以前にもソーシャルライブラリーといわれる各種の会員制図書館が存在していた。本章ではソーシャルライブラリーを概観しながら米国における近代公共図書館の成立について解説する。

第1節　植民地時代の図書館

a. 大学図書館と教区図書館

1620年にピルグリム・ファーザーズと呼ばれる清教徒101人がメイフラワー号で米国に渡り，英国の植民地としての基盤が形成される。その18年後，マサチューセッツ州ケンブリッジ市の牧師であったジョン・ハーヴァード（John Harvard, 1607-1638）がわずか31歳の若さで亡くなった。愛書家としても知られていた彼の残した蔵書400冊と遺産の半分は，創立まもないボストン郊外の神学校に寄贈された[1)]。ハーヴァードの遺贈に敬意を表し，神学校の運営者たちは彼の名前を校名とした。それが米国最古の大学であるハーヴァード大学である。

敬虔な清教徒たちは，植民地で聖職者を養成するために次々と大学を創設していく。1776年の独立宣言までに植民地では，9つの大学が創設された。いずれの大学も，創設と同時か遅くとも数年後には，附属図書館が設けられており，大学教育における図書館の重要性が認識されていたといえよう。

英国国教会の牧師であるトマス・ブレイ（Thomas Bray, 1656-1730）（第5章1節参照）は英国において61の教区図書館（parish library）を設立しているが，1699年に米国植民地に派遣された際に，英国から書籍を送りメリーランド州を中心に39の教区図書館を設立した。これらの教区図書館は聖職者たちだけでなく，市民も利用することができた。しかし，蔵書は神学書や教義問答集といった宗教書がとくに多かったことや，ブレイの死後に新たな蔵書を追加購入しなかったことにより，市民を十分に惹（ひ）きつけることはできなかった。

b. フィラデルフィア図書館会社とソーシャルライブラリー

米国植民地での一般市民の読書施設の始まりは会員制図書館（subscription library）である。最初に会員制図書館を始めたのは，ベンジャミン・フランクリン（Benjamin Franklin, 1706-1790）である[2)]。

当時，ヨーロッパではギルドと呼ばれる徒弟制度によって技術・知識の伝達がおこなわれていたが，米国では徒弟制度が伝わらなかったために，職人や店員は，必要な技術や知識を自分自身

写真 6-1　1800 年ごろのフィラデルフィア図書館会社

で求めなければならなかった。フランクリンは，1727 年，向学心旺盛な 10 人の仲間と「秘密結社」（当初は秘密結社であったが，入会希望者が増えたために秘密結社ではなくなった）を意味するジャントー・クラブ（Junto Club）を設立した。クラブでの討論や読書のためには常に図書が必要となるが，植民地で購入できる図書は限られており，フランクリンは，メンバーで資金を出し合って図書を購入することを思い立つ。「私にとって，初めての公共事業になるものですが，このたび会員制図書館を作ろうと思い立ちました」という計画書を会員宛てに送った[3)]（巻末資料 1）。1731 年，米国で最初の会員制図書館といわれるフィラデルフィア図書館会社（Library Company of Philadelphia）が設立された（写真 6-1）。有志が資金を出し合う会員制図書館は，会費で図書を購入し，会員のみに無料で貸出をするシステムをとる[4)]。1733 年以降は図書の代金と同額の保証金とわずかな借貸料を払えば会員以外にも貸出するようになり，多くの市民にも開放されることとなる。

表 6-1　フィラデルフィア図書館会社　第 1 回注文リスト

分　類	タイトル数	比率(%)
総　記	2	4.3
哲　学	3	6.4
宗　教	0	0.0
歴　史	9	19.1
社会科学	5	10.6
科　学	11	23.4
産　業	2	4.3
芸　術	2	4.3
言　語	4	8.5
文　学	9	19.1
合　計	47	100.0

出典：川崎良孝『図書館の歴史　アメリカ編』p.49 より作成

フィラデルフィア図書館会社の蔵書構成が判明しており，第 1 回の図書注文リストによれば，47 タイトルが発注されている（表 6-1）。科学・歴史・文学といった分野を中心に収集されていたことがわかる。現在でもフィラデルフィア図書館会社は会員制の学術専門図書館として存続しており，一般にも公開されている（http://www.librarycompany.org/，'13.10.1 現在参照可）。

フィラデルフィア図書館会社に影響され，1780 年までに約 50 の会員制図書館が設立された。小説・伝記・歴史といった分野が中心であったが，法律・建築・農業やさらには「紳士淑女のマナー本」といった実用書も備えられていた。いくつかの会員制図書館は公立図書館に衣替えをして現在でも存続している。

フランクリンは自伝に，「これらの図書館は植民地の平凡な商人や農民を，諸外国の多くの紳士に負けないほどに知識水準を高めてくれた。そして全植民地の市民が自らの基本的権利を守るために一致して独立戦争に立ちあがったことも図書館が影響を与えているだろう」[5)]（巻末資料 1）と書いているように，市民の道徳的な習慣や知的探求心を高め，民主主義社会の発展に貢献していくという図書館の役割を最大限に賛美している。

一方で，この時期，貧しい生活を改善するのに知識が役立つという考えから，工員・職人・見習工などの労働者のために職工学校（mechanics' institute）が設立され，労働者のための成人教育や技術研修や講演会などがおこなわれた。職工学校には必ずといってよいほど職工図書館（mechanics' library）が設置されており，労働者に書籍を提供した。この職工図書館は会員のみが利用できるため，市民が誰でも利用できるわけではなかったが，当時の労働者にとっては系統だった教育や職業訓練が受けられる唯一の場所であった。この職工図書館をおおいに利用したのが，後述する若き日のアンドリュー・カーネギー（Andrew Carnegie, 1835-1919）であった。

こうした会員制図書館を総称してソーシャルライブラリー（social library）という。1850年までに米国北東部6州（以下ニューイングランド）だけでも1064館が設立されている[6)]。

しかし，すべての町や村に会員制図書館が整備されたわけではなく，すべての市民が高い会費を払えたわけではなかった。そういった市民のために文房具店や織物店などが兼業で空いている棚に本を並べて安価で図書の貸出をおこなう貸本屋（circulation library）が登場する。こうした貸本屋は恋愛小説などの娯楽書が多かったが，娯楽が少なかったこの時代ではギャンブルや飲酒に比べればはるかに望ましい娯楽と見なされておおいに繁盛した。19世紀になると図書館と遜色のない閲覧室まで提供する大型貸本屋店まで登場する。

第2節　独立後の図書館

写真 6-2　1895年に建てられたボストン公共図書館

a. ボストン公共図書館（Boston Public Library）

米国おいて無料・公開・公費支弁・法的根拠をもつ近代的な公共図書館の誕生は諸説あるが[7)]，大都市における最初の公共図書館はボストン公共図書館である。マサチューセッツ州議会は1848年に『ボストン市に公立図書館を設立し維持する権限を付与する法律』を制定した。これは米国で最初の「図書館法」といわれている。この法律にもとづき1854年に学校校舎の1階部分の2教室を書庫と閲覧室として間借りして約1万6000冊の蔵書で開館した。ボストン公共図書館は，①レファレンスブックや公文書は貸出をしないが，図書は貸出されることで利便性が増すので禁帯出図書は最小限にする，②人気がある図書は多くの利用者が同時に読めるように複本を用意する，③固い図書ばかりではなく，小説などの娯楽書・通俗書を多く揃えて多くの利用者を惹きつけるといった，現在の公共図書館に通じる蔵書方針を定めた。

また，利用は16歳以上と年齢制限があったが，午前9時～午後9時半まで開館しており，仕事帰りのボストン市民が利用しやすいように夜間開館がおこなわれていた。貸出は1人1冊のみで期限は2週間であり，貸出の際には図書の価格相当の保証金を払わねばならなかった。しかし，1月あたり約1000人もの人々が貸出サービスを利用しており，好調な利用を受けて1858年には図書館専用の建物に移転する。その後，ボストン公共図書館は，公費だけでなく，莫大な寄贈本や資金援助を受けて急速に発展し，1895年にはボストンの「知の殿堂」のシンボルとしてイタリアルネサンス様式の宮殿を模した豪華な新館を建設する（写真6-2）。この建物はさまざまな工夫が凝らされており，公共図書館では初めてとなる本格的な児童図書館なども設けられていた。現在でもこの建物はボストン公共図書館全26館の中央図書館として利用されており，正面入口には“The Public Library of the City of Boston Built by the People and Dedicated to the Advancement of Learning”（市民の手による図書館　学問振興のために捧ぐ）と刻まれている。

ボストン公共図書館に続いて1850年代にはニューイングランドに35館の公共図書館が設立され，19世紀末までには当時の29州すべてで「図書館法」が成立し公共図書館が整備されていく。

b. 米国議会図書館　(Library of Congress)

1800年に首都がフィラデルフィアからワシントンに移った際に議事堂に図書室が設けられたのが議会図書館の始まりだが，当初は蔵書が乏しかった。第3代大統領のトマス・ジェファーソン（Thomas Jefferson, 1743-1826）が，議会図書館の整備に尽力し3000冊まで蔵書を増やし体裁を整えていく[8)]。1864年，第16代大統領エイブラハム・リンカーン（Abraham Lincoln, 1809-1865）により，40歳のスパッフォード（Ainsworth Rand Spofford, 1824-1908）が館長に任命された。このスパッフォードの下で，議会図書館は大きく飛躍していく。1870年に著作権法が制定されると，著作権の登録業務および納本制度によりその蔵書数や職員は急激に増加する。スパッフォードは33年にわたって在任したが，蔵書は8万冊から74万冊へ職員数は7人から108人へと増加し，1897年には議事堂のなかに併設されていた議会図書館が独立館となり，名実ともに米国第一の図書館となっていく。

c. アメリカ図書館協会（American Library Association）

1875年までに188館の公共図書館が開館するまでになり，専門職団体を結成する機運が高まっていく。1876年にフィラデルフィアでおこなわれていた独立100周年博覧会の会期中に全米から103人の図書館員が集まって，第1回図書館員大会が開催された。3日間にわたる大会のなかで「最小のコストで，多くの人たちに最善の読書を」という標語の下に，アメリカ図書館協会（以下，ALA）が設立された。初代会長にはボストン公共図書館長のジャスティン・ウィンザー（Justin Winsor, 1831-1897）が就任した。事務局長には，同年にデューイ十進分類法（Dewey Decimal Classification）を発表した若干25歳のメルヴェル・デューイ（Melvil Dewy, 1851-1931）が就任した。

1876年は米国図書館界が飛躍的に発展した年である。ALAの設立やデューイ十進分類法以外にも，たとえば図書館専門雑誌である*Library Jornal*が創刊され，米国教育局からは『アメリカ合衆国における公共図書館報告』がまとめられている。この報告書には，各種図書館の状況の報告や論文が掲載されており，チャールズ・カッター（Charles Ammi Cutter, 1837-1903）の『辞書体目録規則』も収録されている（辞書体目録とは，書名・著者名・件名をABC順に配列して1回で検索できるようにした目録）[9)]。また，サミュエル・グリーン（Samuel Swett Green, 1837-1918）が「図書館員と利用者との間の人的関係」という発表をおこなっており，レファレンスサービスの萌芽といえるものである（詳しくは第12章を参照）。ほかにも，書架や目録カードなどの図書館備品を扱うライブラリービューローという会社も設立されている。また，ALA に刺激され，翌年の 1877 年には，英国でも図書館協会（Library Association）が設立された。

公共図書館の図書館員は当初は男性のみであったが，1856 年にボストンアシニアム（Boston Athenaeum）図書館[10]で初めての女性図書館員が誕生した。当時の図書館で所蔵する図書には恋愛小説など道徳的でない内容のものも多く，男性利用者が女性図書館員に委縮してしまうとして当初は反対されたが，少年を見習職員として採用するよりも女性の働きがよかったため，公共図書館は女性の社会進出の場として認められるようになっていく[11]。

1887 年にはデューイが中心となってコロンビア大学に図書館学校（library school）が開校し専門的な図書館員の養成が始まる。最初の入学者は 20 人でそのうち女性が 18 人を占めていた。当時，コロンビア大学は男女共学を認めていなかったために，図書館学校は 1889 年にニューヨーク州立大学に移るが，その後も多くの図書館員を養成した。さらに時代を経ると女性職員の割合はさらに増え，1910 年の統計では女性職員が全職員の 80％を占めるまでになる。

d. アンドリュー・カーネギーと公共図書館

写真 6-3　アンドリュー・カーネギー

スコットランドに生まれたカーネギー（写真 6-3）は，1848 年に米国に移民した。彼の職歴は糸巻き工から始まり，正規の教育はほとんど受けていなかった。そんなカーネギーに無料で自己修身の機会を与えてくれたのが職工学校の図書館であった。カーネギー自身も「図書館は私に世界の知的財産への扉をあけてくれた[12]」（巻末資料 2）と述べているように，無料で利用できる図書館の重要性を認識していた。

その後，鉄鋼業で巨万の富を築いたカーネギーは「地域社会に貢献する最善の方法は，意欲的な人間が登っていけるように，その手のとどくところに梯子（はしご）をかけることだ」として，全財産の 80％にも及ぶ財産を図書館建設のために寄付する。1886～1919 年までの間に，米国内だけで 1679 館の図書館が建てられ，英国やカナダを含めると 2811 館の図書館を建設した。カーネギーは図書館以外にも博物館や音楽堂や研究所なども寄付しているが，「一般大衆の向上をはかる最良の手段として私は無料の図書館を選ぶ。それは図書館が自ら助ける者を助けるのだから」と述べているように図書館建設に最も情熱を注いだ。寄贈した図書館の多くは，正面入口に「光あれ」（旧約聖書の創世紀の一節）という言葉が刻まれている。また，正面入口の電灯には独特のデザインが施されているが，これは啓蒙の光を表すシンボルといわれる（写真 6-4）。

写真 6-4　カーネギーの寄付によって建設されたカリフォルニア州サクラメント公共図書館　入口の両側の電灯にも注目。

設　問

(1)　フィラデルフィア図書館会社の特徴について，900字程度で言及しなさい。
(2)　ボストン公共図書館の蔵書方針について，参考文献も参照にして900字程度で述べなさい。

参考文献

1. 川崎良孝『アメリカ公立図書館成立思想史』日本図書館協会，1991年
2. ウォルター・ホワイトヒル著，川崎良孝訳『ボストン市立図書館100年史－栄光，挫折，再生』日本図書館協会，1999年
3. 川崎良孝『図書館の歴史　アメリカ編』増訂第2版，日本図書館協会，2003年
4. アビゲイル・A・ヴァンスリック著，川崎良孝［ほか］訳『すべての人に無料の図書館：カーネギー図書館とアメリカ文化：1890-1920年』京都大学図書館情報学研究会，2005年
5. スチュアート・AP・マレー著，日暮雅通訳『図説 図書館の歴史』原書房，2011年
6. モーリーン・サワ文，ビル・スレイヴィン絵，宮木陽子・小谷正子訳『本と図書館の歴史－ラクダの移動図書館から電子書籍まで－』西村書店，2010年

注)

1) 植民地では，出版はほとんどおこなわれておらず，書籍は英国から取り寄せていた。このことを考えてみれば，蔵書400冊（約300冊は神学書であったという）は当時としてはかなりの数であったといえよう。
2) 独立宣言の署名者の1人であり「米国建国の父」ともいわれ，100ドル紙幣の肖像画にもなっている。
3) ベンジャミン・フランクリン著，渡辺利雄訳『フランクリン自伝』中央公論新社,2004年，p.160。
4) 設立にあたって，ジャントー・クラブの会員50名は，当時の船員の2カ月分の給与に相当する40シリングの入会金と，日雇い人夫の2週間分の賃金よりも高い10シリングの年会費を払っている。
5) 前掲3)，p.161。
6) 参考文献3，p.67。
7) 公費支弁という考えに立てば，1810年のコネチカット州のソールズベリーの青年図書館や1827年のマサチューセッツ州の青年図書館，1833年のニューハンプシャー州のピーターボロータウンライブラリがボストン公共図書館よりも早い時期に開館しており，これらの図書館を最初の公共図書館と見なすこともできる。本書では，後世の公共図書館への影響を考慮して，ボストン公共図書館を米国で最も早い公共図書館と位置づける。
8) 「議会図書館の父」ともいわれる功績を讃え，1980年に議会図書館の大閲覧室をトマス・ジェファーソン館と名づけている。
9) Department Of The Interior, Bureau Of Education, “Public Libraries In The United States Of America Their History Condition And Management Special Report Part I,” Government Printing Office, Washington, 1876. この報告書の概要については，埜上衛「1876年公共図書館特別報告書の刊行」『近畿大学短大論集』Vol.13，No.2，1981年3月，pp.103-130を参照。なお，原書の電子書籍版をコーネル大学の図書館で読める https://archive.org/stream/cu31924029529553#page/n3/mode/2up（'13.10.20現在参照可）。
10) ボストン公共図書館とは，別の会員制図書館である。ボストンアシニアム図書館は1807年に上流知識階級を中心に設立されたとした図書館であり，サロンとしての機能も果たしていた。カッターも図書館長を務めていた時期がある。1850年代には米国の五大図書館の1つにあげられたほどの規模であった。現在でも会員制図書館として運営されている。http://www.bostonathenaeum.org/（'13.10.20現在参照可）。
11) 参考文献6のp.50を参照。1887年にALA会長のウィンザーは女性図書館員のメリットを「女性は職場を和やかにしてくれるし，仕事もきちんとサポートしてくれます。女性も男性と同じ働きをしています。しかも，男性よりも給与が安いので，それ以上の働きをしてくれます」と力説している。
12) Maureen Sawa ; illustrated by Bill Slavin, *The Library Book ; The Story of Libraries from Camels to Computers*, TundraBooks. 2006, p.50

7 近現代のドイツ

本章では，ドイツの近代から現代までの図書・図書館史の概略を述べる。ドイツの図書館思想の源流と，戦争や圧政により挫折と再興を繰り返しながら，ドイツの図書館活動がどのように展開して現代にいたったか，また近代ドイツを代表する著述家・著作とその影響について理解しよう。

第1節　ライプニッツの図書館思想とドイツ図書館学の成立

a. ライプニッツの図書館思想

最後の宗教戦争にして，ヨーロッパの有力諸国が介入した大規模な国際戦争でもある三十年戦争（1618-1648）は，現在のドイツ地域を舞台に続けられた（当時のドイツ地域には複数の王国が支配しており，ドイツという統一国家はまだ存在しなかった。図7-1）。30年にわたる戦闘で国土は荒廃し，多くの図書館と蔵書は略奪と火災で多大な被害を受けた。ドイツは，この戦争以後フランスや英国に文化的にも経済的にも遅れをとるかたちになるが，それでも17～18世紀にかけてはプロイセン王国のフリードリヒ大王や多くの著名な学者によって啓蒙思想が謳われ，図書館文化も再興する。この時期に主に興隆したのは，各地に分立した大小の諸候が構えた宮廷図書館であった。

図7-1　18世紀中葉のドイツ地域

この時代を代表する博識の啓蒙思想家にして数学者・哲学者であったライプニッツ（Gottfried Wilhelm Leibniz, 1646-1716, 写真7-1）は，図書館思想の発展にも寄与した。彼は若い時期から関心をもって図書館活動をおこない[1)]，パリ滞在中にノーデの図書館思想（第8章第1節で記述）を知り，これをさらに発展させた。ライプニッツは図書館を主題とした著書や論文などを残してはいないが，回想録や書簡からその思想を次の3つに要約することができる。①図書館は人間の魂の宝庫となるべきであり，およそ独創的な思想は，それが書物というかたちで存在するかぎり，すべてを図書館に保存しておくべきであり，書物の冊数，大きさ，珍しさは，これに比べれば意味がない，②図書館を支えるのは年度ごとのしっかりとした予算であり，これによって学術的に価値のあるすべての新刊書が「調和のとれた継続」として購入され，利用者に提供されなければならない，③図書館員の職務は，この貴重な財産を系統立てた分類と目録をとって[2)]利用しやすいようにすることであり，さらに，公開時間はできるかぎり広げ，設備を快適に調整し，貸出の対象者層を拡大し，利用を便利にすることである。

写真 7-1　ライプニッツ

b. ライプニッツ図書館思想の具現化

ライプニッツの図書館思想はまず，1737 年に開設されたゲッティンゲン大学の附属図書館で実践された。この大学図書館の特徴は，第 1 に，毎年の十分な経常予算を確保し，高額な図書を含めて価値ある図書や雑誌を継続的に購入する体制を整備したことである。第 2 に，1752 年に新たに刊行された『ゲッティンゲン学術批評』(*Göttingische Zeitungen von gelehrten Sachen*) という雑誌の論評をもとに，大学内の専門家によって図書の適切な選択をおこなえたことである。第 3 に，この図書館は毎日開館し，学外の学者にも利用を許可し，学生に対しては煩雑な利用手続きを廃し，12 冊程度の図書を同時に館外貸出ができるなど，充実した図書館サービスをおこなったことである。ゲッティンゲン大学図書館の取り組みは，大学図書館が学術研究機関として機能的に活用されるための手法としてドイツ各地の大学図書館で採用され，さらに欧州各国に広まっていった。

写真 7-2　ゲッティンゲン大学図書館

c. ドイツ図書館学の成立

シュレッティンガー (Martin Schrettinger, 1772 - 1834) は，『図書館学の全教程への試論』(1808-29) において，著書のタイトルに「図書館学」(ビブリオテーク ヴィッセンシャフト Bibliothek-wissenschaft) という語を用いた最初の人である (ドイツ語で Bibliothek は図書館，Wissenschaft は学問)。彼は，図書館業務の理論が学問の領域を構成するものとして，1 つの理念的原理から多様な各論を体系的に総合的に統一させる方法で，名実ともに図書館学を初めて学問として成立させた人物だといえる[3)]。

第 2 節　19 世紀および 20 世紀のドイツの図書館活動

a. 19 世紀の民衆図書館の登場と発展

フランス革命後のナポレオン戦争で，ドイツは一時期その国土の多くをフランスに占領された。修道院図書館とその蔵書が没収されるなど被害は大きかったが，これを機縁に民族主義が高まり，北部のプロイセン王国を中心に領土を再び拡大した。その後，プロイセン王国は「鉄血宰相」の異名をもつビスマルクの下で近隣諸国との戦争に勝利し，1871 年にドイツ帝国が創設された。この時期，1840 年代以降には近代化が進み，ドイツはその勤勉な国民性によって急速に工業を発展させた。その際，産業革命で手工業が衰退し，都市部の貧困層や労働者階級が増加したため，民衆の職業教育・生活教育を改善する必要が生じた。これを受けて，公共図書館の萌芽的形態である「民衆図書館」（Volks bücherei）の設立要求が高まってくる。プロイスカー（Karl Benjamin Preussker, 1786-1871）は，民衆図書館を興す運動をおこなった人物で，1828年にザクセン地方のグローセンハイン市に図書館を創設した。プロイスカーは，労働者階級を中心とした民衆が，図書館での読書を中心とした精神的娯楽を通じて理性を高め，道徳心や宗教心を養うことを理想と考え，「民衆啓蒙思想」的な立場で活動した[4)]。これに続き，ラウマー（Friedrich von Raumer, 1781-1851），ライヤー（Eduard Reyer, 1849-1914），そしてネレンベルク（Constantin Nörrenberg, 1862-1937）らがドイツの民衆図書館の普及・発展と，米国型の公共図書館の導入のために尽力した。

b. 20世紀前半の図書館活動

1912年，ドイツ書籍商組合の有力者たちが，ライプツィヒに民間の図書館である「ドイチェ・ビューヘライ（Deutsche Bücherei）」を設立した。ここで翌年以降『ドイツ全国書誌』（*Deutsche Nationalbibliographie*）の作成が始まり（公刊は1931年から），国内のあらゆるドイツ語文献，外国で刊行されたあらゆるドイツ語文献の収集・保管が行われ，実質的に国立図書館的な機能を担うようになった。その後，ドイツは第一次世界大戦に敗れて膨大な賠償金を負い，経済的に困窮したが，ワイマール共和政時代に入り，一時は経済も安定した。しかし1930年の世界恐慌が引き金になり，経済も政局も再び混乱し，これに乗じて台頭したナチスによって，1933年ヒトラー（Adolf Hitler, 1889-1945）が政権を握ったのである。ナチス・ドイツの統治下で，民主的で健全な公共図書館活動は一旦水を差された格好になり，図書館は「国民を善導する使命をもった指導者」であり，「ドイツ民族やドイツ国家に関するあらゆる『国民の記憶』を保持する場所」でもあると位置づけられた。そして，ユダヤ的および非ドイツ的と見なされた書物が検閲され，大量に焚書（焼却処分，写真7-3）された[5)]。

写真7-3　ナチス・ドイツによる焚書

第3節　戦後ドイツの図書館史

第二次世界大戦は，ドイツの図書館に多大な損害を与えた。空爆によって，多数の図書館が破壊され，貴重な蔵書や目録が永久に失われた。1945年の大戦敗戦後，ドイツの領土は東西に分割された。それぞれの占領国の影響のもと，領邦制のドイツ連邦共和国（西ドイツ）と中央集権的なドイツ民主共和国（東ドイツ）に分裂したことで，1990年の東西ドイツ統一にいたるまでの約45年間，東西ドイツの図書館は，行政的，経済的，文化的に異なる土壌でその歴史を歩むことになった。

図 7-2　東西分裂時代のドイツ　東ドイツ地域では中央集権化にともない州制度は廃止されていた。

図 7-3　現在の統合ドイツ

実質的に国立図書館としての機能を果たしてきたライプツィヒの「ドイチェ•ビューヘライ」は東ドイツに属したので，西ドイツはこれに匹敵する国立図書館的な機能をもつ図書館として，1946 年にフランクフルト・アム・マインに「ドイチェ・ビブリオテーク」(Deutsche Bibliothek) を創設した（カバー写真)。この図書館は，1945 年以降に出版された全国の文献（他国のドイツおよびドイツ語文献も含む）を収集し保存した。また，この図書館の分館として，音楽資料を収集する目的で，1970 年代に西ベルリンに「ドイツ音楽資料館」が設立された。1989 年にベルリンの壁が崩壊し，1990 年に東西ドイツが統一されるのにともなって，この 3 つの館は統合され，この 3 館の組織的統一体の名称が「ドイツ国立図書館」となり，統一後のドイツの新しい国立図書館となった（ベルリンの音楽資料館は 2010 年にライプツィヒ館内に移転した)。

戦後ドイツの公共図書館の発展は，とくに 2 つの政策文書に由来する。1 つは西ドイツのドイツ図書館会議が 1973 年に示した『図書館計画'73』であり，もう 1 つはこの発展型で，東西ドイツ統合後の 1994 年にドイツ図書館協会全国連合が示した『図書館'93：構造・課題・位置付け』である。後者では，公共図書館が満たすべき利用者ニーズを，①基礎的ニーズ，②高度なニーズ，③専門的ニーズ，④高度に専門的なニーズという 4 段階に分けている。州や群や市町村立の公共図書館について，どの公共図書館もこれらのどれか 1 つに当てはまるようにして，その規模の大小やサービスの質や種類に照らし合わせて，それぞれが持ち場をもち，全体として，全ドイツを網羅する階層的な構造をもつ図書館サービスのネットワークになることを構想している。

また，プロテスタントとカトリックのキリスト教会を設置および運営母体とする「教会公共図書館」は，東ドイツ地域では宗教活動が著しく制限されていたために発展しなかったが，西ドイツ地域では公立の公共図書館のネットワークが行き届かない地域をカバーしてきた。教会図書館の大多数は小規模であるが，教区の住民に奉仕するとともに，教区内に新しく引っ越して来た家族にとってさまざまなかたちで最初の生活の手引きを与え，重要な地域交流のきっかけの場所ともなっている。また，教会公共図書館は病院患者図書館や老人ホーム図書館の支援にも力を入れている。

第4節　近代ドイツを代表する著述家・著作とその影響

文学の分野では，「疾風怒濤」(Sturm und Drang) と呼ばれるドイツ文学の変革時代を築いた2人の文豪がいる。悪魔メフィストフェレスが登場する長編の戯曲『ファウスト』(1808, 1833) などを著したゲーテ (Johann Wolfgang von Goethe, 1749-1832) と，ベートーヴェンの交響曲第9番「合唱」の詩の作者として知られるシラー (Johann Christoph Friedrich von Schiller, 1759-1805) である。20世紀の著名な作家としては，『車輪の下』(1906) や『デミアン』(1919) を著したノーベル文学賞受賞者のヘッセ[6] (Hermann Hesse, 1877-1962) や，『モモ』(1973)，『はてしない物語』(1979) を著した児童文学作家のエンデ (Michael Ende, 1929-1995) らがいる。

写真7-5　ゲーテ

哲学・思想分野では，カント (Immanuel Kant, 1724-1804) が『純粋理性批判』(1781) をはじめとする三批判書[7]を著した。彼は哲学を語る前に，それを語る人間の理性そのものの徹底した自己批判が必要であると考え，独自の観念論的な批判哲学を形成した。その影響は，彼以前のすべての哲学がそこへと流れ込み，彼以後のあらゆる哲学がそこから流れ出ていく分水嶺ともいわれるほどである。実際，その哲学を叩き台にして，実り豊かなドイツ観念論が大きく発展していった。ドイツ観念論の完成者といわれるヘーゲル (Georg Wilhelm Friedrich Hegel, 1770-1831) は，その代表作『精神現象学』(1807) で，人間の精神が，素朴な感覚的確信 (感覚する物そのものへのリアリティ) の段階から，自己意識にリアリティを観る段階を経て，絶対精神の高みにいたるまでの発展段階を述べた。その後，ヘーゲル哲学を社会現象に独自に転用して，資本主義社会の破綻と共産主義 (完全平等主義) 社会の到来と，暴力肯定型の社会革命を唱えたのがマルクス (Karl Heinrich Marx, 1818-1883)[8] であった。彼の主著『資本論』(1867-1894) の世界史的影響はきわめて大きく，1917年のロシア革命による帝政ロシアの崩壊，最初の社会主義国家であるソビエト連邦

写真7-6　カント

（ソ連）の成立を導いた（社会主義国家は共産主義国家への移行段階とされる）。第二次世界大戦後ドイツが東西に分断されたのは，西欧・米国を中心とする自由主義・資本主義国家（西側陣営）とソ連を中心とする社会主義国家（東側陣営）とが思想的に対立したためである[9)]。

設　問

(1) ナチス・ドイツ政権下での検閲や焚書の詳細を調査し，なぜ検閲や焚書が人類にとってマイナスの行為といわれるのか考察し，900 字程度で述べなさい。
(2) 戦後ドイツの図書館事情について，公共図書館を中心に，健全化と発展のプロセスや現在のネットワークのあり方を 900 字程度で述べなさい。

参考文献

1. ユルゲン・ゼーフェルト，ルートガー・ジュレ著，伊藤白訳『ドイツ図書館入門―過去と未来への入り口』日本図書館協会，2011 年
2. 河井弘志『ドイツ公共図書館思想史』京都大学図書館情報学研究会，2008 年

注）

1) ライプニッツには，図書館での実務経験もあった。たとえば，ハノーファー侯ヨハン・フリードリヒに仕えたとき，宮廷顧問官兼司書として宮廷図書館の管理を任された。ヨハン・フリードリヒの死後は，ヴォルフェンビュッテルのアウグスト大公の宮廷図書館の館長になった。若き日から死にいたるまでのライプニッツの図書館活動については，以下の文献の記述が詳細である。田山泰三「ライプニッツの図書館活動」酒井潔［ほか］編『ライプニッツ読本』法政大学出版局，2012 年，pp.134-144。
2) ライプニッツの思想はノーデの図書館思想の単なる追従ではなく，図書の系統立てた配列のための，10 の主要なグループに分かれた実用的な分類図を構想するなど，独自に思索を深めていた。Hans G.Schulze-Albert, Gottfried Wilhelm Leibniz and Library Classification, *The Journal of Library History*, Vol.6 No.2, 1971, pp.133-152, esp. pp.140-149.
3) シュレッティンガーは，ヴォルフェンビュッテルとドレスデンの宮廷図書館長を歴任し『公開図書館論』（1811）と『図書館員の養成』（1820）を公刊したエーベルトとの図書館をめぐる論争を批判的に自己の図書館学の形成に活かし，それ以前の多くの図書館論を批判的に吟味しつつ総合的に取り入れるべきは取り入れるというように，啓蒙主義を推進しようとする時代にふさわしい，批判主義的ともいえる精神的態度で図書館学を形成した。彼のこのような学問への批判的構成態度について，ライプニッツではなく，カントの批判哲学の影響を観る解釈もある。前掲 pp.167-168, p.189。
4) プロイスカーの「民衆啓蒙思想」の詳細については，次の文献を参照。河井弘志『ドイツ公共図書館思想史』京都図書館情報学会，2008 年，pp.31-33。
5) この圧政下で公共図書館の健全な業務もきわめて困難な状況であったが，それでも「ナチスの強制収容所という極端な条件下においてすら図書館業務を遂行した図書館員がいたという事実」も注目すべきである。ブッセ・エルネストゥス著，プラスマン・ゼーフェルト改訂，都築正巳監訳，竹之内禎［ほか］編訳『ドイツの図書館―過去・現在・未来―』日本図書館協会，2008 年，p.79。
6) ヘッセは平和主義者であったため，ナチス時代のドイツでは出版が禁止されており，スイスに移住していた。
7) カントの三批判書とは，『純粋理性批判』（1781），『実践理性批判』（1788），『判断力批判』（1790）の 3 つの著作をさす。
8) マルクスはプロイセン王国出身だが，王国を離脱して無国籍となり，主に英国の大英図書館を利用して著述をおこなった。
9) 朝鮮半島が南北に分断されたのも同じ理由による。ドイツでは東ドイツが「ベルリンの壁」を築いて入国・出国を制限したが，朝鮮半島では 1950 年，西側陣営が韓国を，東側陣営が北朝鮮を支援して実際に戦争がおこなわれた（朝鮮戦争）。

8 近現代のフランス

フランスの図書館の特徴として，次の 3 つが指摘されている[1]。まず，図書館をめぐる新しい考え方と実践を，他国に先駆けて登場させてきた先進性。つぎに，フランス国内のものにかぎらない多様な資料を網羅的に集めることで，偏りのない普遍的な知をいち早く実現させようとしてきたこと。最後に，学術研究への指向性が強いこと。これらの特徴をフランスの図書館が有する背景として重要なのは，フランスが共和国であり，したがって中央集権的な社会機構をもっているという事実である。以下，この点をふまえながら，フランスの図書館を特徴づける 3 つの特徴について具体的にみていこう。

第 1 節　ノーデの図書館思想とマザラン図書館

写真 8-1　ノーデ

フランス図書館の先進性を示す事例として，学者ノーデ（Gabriel Naudé, 1600-1653, 写真 8-1）の思想と，その実践であるマザラン図書館をあげることができる。ノーデは，パリ高等法院の院長が有する多量の蔵書を管理していた経験があり，それをふまえて『図書館建設に関する提言』（1627 年）を政府に提出した。ノーデの先進的な図書館思想は，①蔵書の収集方針，②図書館利用，③図書の分類法にわたるものであった。

まず蔵書の収集方針については，多様な意見や立場の図書を広く集めて，なんらかの意見や分野に偏ることのない，公平な図書館をめざしている。具体的には，古典だけではなく新しい科学の図書，宗教の正統派のみならず異端の書，貴重書ばかりではなく小冊子も集めることを主張した。この公平な態度で，各分野における重要な著作の原書と翻訳書，そして注釈書を集め，さらに辞書などの参考図書もそろえることを提言し，普遍的な図書館を構想したのである。つぎに図書館利用についても，身分に関係なく，学ぼうとするすべての人に図書館を公開する原則をうちたてた。さらに，大学の学科編成を参照したわかりやすい図書の分類法も考案して，人々が図書を利用しやすくなるよう努力した。

以上のノーデによる方針には，宗教や政治的権威のもとで偏った見方をするのではなく，自由に教養を身につけていこうとする 16 世紀の人文主義の影響が感じられる。理性の光に照らしてありのままの世界と向きあい，自分の頭で考えていこうとする 17～18 世紀の啓蒙主義を，先駆けるような先進性がみられるといえよう。

このような思想を実現したのが，パリのマザラン図書館である。マザラン（Jules Mazarin/ Giulio Mazarino, 1602-1661）は，フランスの宰相となったイタリア人の枢機卿（カトリック教会の高位聖職者）であった。ノーデは1642年にマザランの司書係となって，図書館長に就任したのである。マザラン図書館はあらゆる文化や国の資料を集めた普遍的な学術参考図書館をめざしたもので，1643年には学者を中心とする公衆に公開されて，フランス最古の公共図書館となった。すでに，1650年には4万冊を超える蔵書を有していたが，マザランの政敵である貴族の反乱（フロンドの乱，1648-1653）によって，10年間の閉鎖を余儀なくされてしまう。しかしマザランが政治勢力を回復すると，図書館は再開され，死後はマザラン大学の図書館として遺贈された。さらに，のちのフランス革命期（1789-1794）には国の管理するところとなって，亡命貴族や廃止された修道院から没収された6万冊を超える蔵書を受け入れ，政府による国民図書館機構の一部に編入されて，今日にいたる。17世紀のフランスにおいて，マザラン図書館はその先進性と豊富な蔵書などの点で，王室図書館をしのぐ代表的な個人図書館だったといえよう。

第2節 王室図書館の形成と納本制度の確立

フランスの図書館の先進性は，大学図書館がヨーロッパでいち早く登場した事実にもあらわれている。本書の第3章第4節「b. 大学の成立と大学図書館の登場」でもみたように，ソルボンヌ学寮図書館がすでに13世紀につくられた。英国の大学図書館が15世紀に設立された事実に鑑（かんが）みると，フランス大学図書館の先進性がわかるだろう。ただし，ソルボンヌ学寮図書館は王室やパリ市から独立して教皇が直轄する神学部に属しており，カトリック教会という知的権威のもとにある図書館として，蔵書に偏りがないとはいえない面もあった。

これに対して，より普遍的な蔵書収集に向けて登場したのが，フランスを代表する中央館としての王室図書館（のちの国立図書館）である。王室図書館の設立と蔵書の収集は，16世紀に全盛を迎えた，フランスにおける人文主義を背景にしていた[2)]。それは，中世的な宗教上の迷信や権威などではなく，生身の人間を思索や生き方の中心に据える考え方といってよい。実際，王室図書館はもとは王室アカデミーの機関としてその下地がつくられたが，王室アカデミーはカトリック教会直系の大学を中心とする知のあり方にフランス王室政府が対抗するかたちで生まれたものであった。

それでは，王室図書館設立までの具体的なプロセスをみていこう。フランス王室は，すでに14世紀にはルーブル宮殿の図書室に蔵書を有していたが，その蔵書はイギリスにわたってしまっていた。かわりに王室が所有していた，イタリア戦争（1521-1544）の際にもたらされた写本をもとに，フランソワ1世（François I, 在位1515-47）の時代，ビュデ（Guillaume Budé, 1468-1540）がフォンテーヌブロー（図8-1）に図書館を創設（1522年）する。1537年には世界で最初の納本制度であるモンペリエの王令（巻末資料3）が発せられ，フランス中央部の都市ブロワに納本が集められることとなった。この制度は当初こそ図書を検閲する目的が強かったものの，各国に多大な影響を与えて広まっていく。なぜならこの制度は，国内で出版されたすべての本の収集を定める点で，国の文化や思想の状況を反映してその象徴になるような中央図書館のあり方を基

図 8-1　フランス国土と主要都市

礎づけるものだったからである。ブロワの図書は1544年にフォンテーヌブローの図書館に統合されて，王室図書館の物理的な基礎をつくった。1566年には，王室財産であっても王が独断で蔵書を譲渡できないと規定するムーランの王令が発せられる。さらに1570年には図書がパリに移され，図書館が学者たちに開かれるようになった。

17世紀に入ると，理性にもとづいてありのままの世界に向きあい，のちに近代の科学や哲学を生みだすこととなる新しい思想を背景に，普遍性をめざす王立図書館のコレクションが充実していく。その思想の重要なきっかけとなったのは，デカルト（René Descartes, 1596-1650）による『方法序説』などの書籍だった。学者のデュピュイ兄弟（Pierre Dupuy, 1582-1651ごろ/Jacques Dupuy, 1591-1656）が9000冊の蔵書を遺贈したのをきっかけに，16世紀に主流だった写本だけではなく刊本の蔵書も充実をみせ，さらに版画やメダル，貨幣など多様なメディアの資料も文化資料として収集されるようになった。時の財務総監コルベール（Jean-Baptiste Colbert, 1619-83）は，科学アカデミーを生みだしたり王室印刷所を開いたりして学術研究を後押しするとともに，実効性の低かった納本制度を本格的に実行した。こうした尽力により，王立図書館は先進的な学術図書館として発展していったのである。図書館の充実を支える学術研究の振興ぶりは，『学者報知』（*Journal des sçavans*）という学術雑誌の創刊（1665年）にもあらわれている。

理性を重視する思想の広まりを通じて，18世紀には，知識が宗教的に秩序づけられ権威づけられるのではなく，新しい科学や文学など多様な分野が同等の価値をもつ知として網羅され，さらにそれら諸科学や知識間のつながりを示そうとする気運が高まった。そのあらわれが，ダランベール（Jean Le Rond d'Alembert, 1717-1783）とディドロ（Denis Diderot, 1713-1784）によって刊行された『百科全書』（1751-80年）である。こうした気運のなかで，王立図書館にも写本，刊本，称号・系譜，版画，貨幣・古代という各部が生まれ，等しい価値を有するものとして資料が収集，管理されるようになっていく。王立図書館は1735年ごろからより広く公開され，18世紀末までには約15万冊もの刊本を有するフランス第一の図書館に成長していった。

第3節　フランス革命後の図書館

18世紀末に起こったフランス革命により中央集権的な政治機構が確立され，その機構がフランスの図書館を劇的に再編していく。当時は君主の権限が法律によって制限されない絶対君主制が敷かれていたが，高い税を課された農民が貧しくなり，凶作も重なって経済的な危機が起こったこと，そしてそれを解消するために貴族などの特権階級からも税金を徴収しようとした政府が反抗を受けたことから，政治機構の革命が起こった。商人，官僚，学者など多様な集団からなるブルジョワジーが指導者となり，都市や農村の民衆が原動力を提供して，1789 年には特権にもとづく封建的な旧体制が破棄され，啓蒙思想の影響のもとで人間が普遍的に自由かつ平等であることが宣言された。こうして，国民代表制を土台とする立憲国家が樹立されたのである。その後 1799 年に権力を掌握したナポレオンが，中央集権的な官僚機構と全国的な統一法典（ナポレオン法典とも呼ばれるフランス民法典[3)]）をつくり，新しい国家制度を完成した。

革命で廃止された旧権力機構には修道院や大学などが含まれており，修道院図書館，亡命貴族たちの蔵書，教会，大学，パリ市などの大量の図書群（全国で 760 万冊）が没収されて国有の財産になった。これらの蔵書の大部分は各地の地方自治体に分配，寄託され，今日のフランスにある多くの図書館のもとをつくった。たとえば，大量の蔵書が寄せられたことで，学術図書館（王室図書館を前身とする国立図書館，マザラン図書館，アルスナル図書館，サント・ジュヌヴィエーヴ図書館）や，行政機関の図書館（最高裁判所図書館など官庁系の専門図書館）が再編された。同時に，地方では寄託図書をもとにして世界でいち早く市立図書館が形成されていく。

これによって，今日のフランスの図書館を特徴づける学術研究向きであるという性質，つまり蔵書の保存と学術への寄与を重視する性質が基礎づけられた。中央政府が多くの貴重書を含む図書の管理を図書館に義務づけたために，学術研究向きという性質が，既存の学術図書館だけでなく各地の市立図書館にも色濃く与えられることになった。その結果，フランスの公共図書館には，新しい蔵書を充実させて人々に利用しやすくしていく改革が，英米などの諸外国に比べて遅れがちになった面があることは否めない。

なお，革命政府が没収図書の整理とその目録の作成に着手したことが，フランスの書誌学教育を推進し，のちのフランスに書誌学者を輩出するきっかけとなった。とりわけ，国内の蔵書について「全国総合目録」を作成するという発案がなされたことは重要である。この世界初の試みは，政権のはげしい変動のために実現しなかったが，目録のカード化まで企画する先進的なものだった。

ただしフランス革命は，大学図書館にとって受難の時期を招いたのも事実である。すでに述べたように，革命前に 22 を数えていた大学は旧体制の権力機構とみなされて廃止され，蔵書が拡散してしまった。さらに，ナポレオン時代につくられた帝国大学が図書館を重視しなかったため，大学図書館のコレクションが貧弱になっていく。実際，1865 年には，隣国ドイツにある 12 の大学が 200 万冊の蔵書を有していたのに対して，フランスの大学図書館全体でも，蔵書はわずか 35 万冊にすぎなかった。大学が研究機関として本格的に再組織化されたのは 19 世紀末である。このとき，革命後約 100 年を経て，ようやく大学図書館の拡充に目が向けられることとなった。

第 4 節　フランス国立図書館

現代のフランスにある各種の図書館もまた，革命以後の中央集権的な機構に先導されて，改革，運営されてきた。本節では，おもに 20 世紀から現代にわたるフランスの図書館の実践について，国立図書館を中心にみていきたい。

フランス国立図書館（写真 8-2）は，すでにふれたように，もともと革命時にいくつかの学術図書館をその組織機構に加えることで，学術研究に資する中央図書館として新しく出発したものである。当時，全国から没収された図書のうち，とりわけ貴重な図書が選別されて国立図書館におさめられた。その結果，刊本類 30 万冊，写本類 7000 冊の蔵書を誇るようになった。古文書学校などの館内設置，写本室や貴重書室の新設などを経て，1835 年までには収蔵する刊本がさらに倍加する。蔵書の増加に対応するため，1868 年には鉄筋建築の新館がつくられるほどであった。

写真 8-2　現在のフランス国立図書館（フランソワ・ミッテラン館）　開かれた本のような建物，4 棟が向かいあっている。撮影：中田健太郎

1874 年にドリル（Léopold Victor Delisle, 1826-1910）が館長に就任すると，パリのほかの学術図書館や地方の公共図書館を指導する近代的な中央図書館としての，本格的な再組織化がはじまった[4]。具体的には，数十種類もあった目録の統一を進めるとともに，1897 年からは蔵書目録の出版もはじめたのである。努力が実を結んで，1921 年には「フランス全国書誌」に納本図書番号がつけられた。このとき，国立図書館がフランスの書誌をまとめあげて国内の図書館を先導することが明確に示されたといえる。第一次世界大戦以降は財政難に陥るものの，マザラン図書館などパリの他館と連合[5]することで財政難を補った。さらに，ヴェルサイユ分館の新築による収蔵スペースの増加や，大学と協力しておこなった雑誌の総合目録の作成など，利用者サービスも充実をみせていく。

第二次世界大戦後の 1945 年には，文部省のなかに新設された図書館・公読書局が，国内すべての図書館を管轄下において，図書館の振興と発展にのりだした。この場合も，政府が図書館改革を主導する点にフランスの特徴が際立っている。そこでは，国立図書館長が図書館・公読書局の局長を兼任することとなっており，図書館をめぐる全国計画の中枢に国立図書館がおかれている。現在のフランス国立図書館は，1988 年のミッテラン大統領による近代的かつあらゆる知識分野をカバーする大図書館の建設宣言を受けて，1994 年に設立された。フランス図書館の先進性，普遍性，学術性[6]を最もよく体現しているといってよいだろう。

図書館・公読書局の先導によって，新しい大学図書館や公共図書館についても，計画的な整備と拡充が進められた。まず大学図書館に関しては，マルセイユやグルノーブルなど多くの大学図書館が新設されたうえ，既存の大学図書館も対象に含めて，計画的に蔵書を充実させるための予算が与えられた。つぎに公共図書館についても，貴重書を所有管理する指定図書館のみならず，多様な性質の図書館が発展してきている。たとえば，図書館・公読書局が直轄する貸出県立図書館が，1980 年代初頭までに全国的に整備された。これにより，財政的に図書館を設置できない人口1万5000人未満の町村でも，移動図書館サービスを利用できるようになった。

情報社会に即して，現代フランス図書館の新たなかたちを国が率先してつくっている点も見逃せない。それは，多種多様なメディア資料を収集，公開する図書館であり，1977年に開館したポンピドゥーセンター（Centre national d'art et de culture Georges-Pompidou）の公共情報図書館に代表される。この図書館が成功をおさめて以来，1980年代からは「図書館」（bibliothèque（ビブリオテーク））ではなく「メディアテーク」（médiathèque）と称する，音響，映像資料を整備する公共図書館が全国的に増加した。フランスの公共図書館は，図書，雑誌，音響・映像資料をミックスするメディア融合の特徴を顕著にみせるようになったといえる。こうした潮流に含まれるものとして，科学と産業に関する資料に限定した，ラヴィレット化学産業都市メディアテークなども忘れてはならない。これらの図書館の登場と成功は，時代に先駆けるフランス図書館の特質をあらためて示すものだろう。伝統と先進性の両面をみせるフランス図書館の実践から学ぶことは多いにちがいない。

設問

⑴　フランスの図書館を特徴づける先進性，普遍性，学術性に，フランス革命がどのような影響を及ぼしたのかについて，900字程度で述べなさい。

⑵　フランス国立図書館とポンピドゥーセンターをめぐる次の日本語ウェブサイトにアクセスし，画像，映像，館長インタビューなどから，両館の概要とサービスについて調べなさい。
URL：http://www.bnf.fr/fr/outils/a.bienvenue_a_la_bnf_ja.html（フランス国立図書館）
http://www.mmm-ginza.org/archive/pom-info01.html（ポンピドゥーセンター）

参考文献

1. 佐藤政孝『図書館発達史』みずうみ書房，1986年
2. 日仏図書館情報学会編『フランス図書館の伝統と情報メディアの革新』勉誠出版，2011年
3. 服部春彦，谷川稔編著『フランス近代史』ミネルヴァ書房，1993年

注）

1）参考文献2のpp.13-15を参照。

2）このことは，当時集められたギリシャ語の写本が，のちの王室図書館における写本室の核となっていく点からもみてとれるだろう。

3）ナポレオン法典について，詳しくは，北村一郎編『フランス民法典の200年』有斐閣，2006年を参照。

4）19世紀半ばから20世紀はじめまでのフランス図書館については，赤星隆子『フランス近代図書館の成立』理想社，2011年も参考になる。。

5）1923年，国立図書館は，マザラン図書館などのパリの図書館と一体の組織とされて，4年後には法人格と独立財政が認められる。1977年にこの連合組織は廃止され，連合に含まれていたアルスナル図書館やオペラ座図書館は国立図書館の組織機構内に位置づけなおされることとなった。

6）フランス国立図書館の学術性は，1994年に出された政令の第2条に示される，フランス図書館の使命（あらゆる分野にわたる知識遺産の収集，整理，保存，発展）からも明らかである。詳しくは，参考文献2を参照。

9 近現代の北欧

北欧諸国は，近代にいたるまで独自の文学作品をうみだしており，また図書館制度として，米国・英国の影響を受けた公共図書館思想・政策を取り入れて発展した。本章では，近代以降の北欧の文学史，北欧の公共図書館の成立の過程を中心に北欧諸国の図書・図書館史について述べる。

第1節　北欧諸国概観

a. 北欧諸国とは

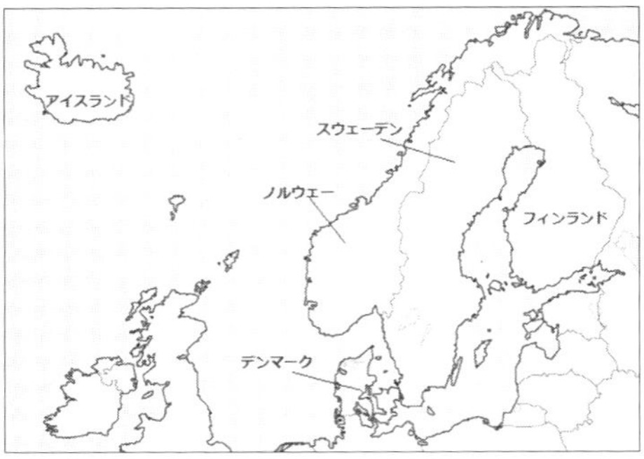

図 9-1　北欧諸国の位置関係

北欧諸国は，ヨーロッパの北部に位置する国々，デンマーク（Denmark，英語表記。以下同じ），スウェーデン（Sweden），ノルウェー（Norway），フィンランド（Finland），アイスランド（英語 Iceland，アイスランド語 Island）の総称である（図 9-1）。スウェーデン，ノルウェーはスカンジナビア半島に位置し，デンマークはそれを囲むような配置となっているためこの3国をさしてスカンジナビア諸国とも呼ばれている。どの国も高緯度地域にあり，北極圏に隣接しているため，白夜（びゃくや）の国々というような表現がなされることもある。

b. デンマーク

デンマーク王国は，ヨーロッパ最古の王朝をもつ国である。かつては北欧随一の大国であったが17世紀以降，敗戦を重ねたことより領土を喪失し，現在はデンマーク史上，最小領土となってしまった。総人口は約560万人であり，首都のコペンハーゲンがあるフューン島，アンデルセンの生家のあるシェラン島，ドイツと国境を接しているユトランド半島からなっている。このほかに，自治領としてフェロー諸島，グリーンランドを有している。

c. スウェーデン

スウェーデン王国は，スカンジナビア半島の東側部分に位置する。北部の山岳地帯（ラップランド地方）と南部の平野地帯（スコーネ地方）とではかなり自然環境にちがいがある。北欧諸国のなかで最大の人口を誇り，総人口は約950万人，首都のストックホルムには約86万人が暮らしている。

d. ノルウェー

ノルウェー王国は，スカンジナビア半島の西側部分に位置する。近隣諸国と争乱の末，国力が減退したことから，1537〜1814年まではデンマーク＝ノルウェー同君連合国の一部として，1814〜1905年まではスウェーデン＝ノルウェー連合王国の一部として，それぞれデンマーク，スウェーデンによって統治されてきた。ノルウェーが国として独立したのは1905年である。

e. フィンランド

フィンランド共和国は，北欧諸国のなかで最も東側に位置する。国土に湖（フィンランド語でスオミ）が非常に多いため，現地語ではスオミ共和国と呼ばれる。13世紀以降，長らくスウェーデン領として存在し，スウェーデンと歴史を共にした。1809年には帝政ロシアのもと，フィンランド大公国として自治権をもったが，国として独立したのはロシアが革命で崩壊した1917年である。

第2節　北欧文学史

a. 北欧文学の源泉

北欧諸国の古代中世文学を伝えるものとして，アイスランドの作家，政治家，歴史家のスノリ・ストルルソン（Snorri Sturlson, 1179-1241）が1218年ごろに著した『エッダ』（*Edda*）がある。これは，それ以前の古ゲルマン神話・北欧神話，英雄伝説等の叙事詩的な作品（古エッダ）を散文でまとめ直したもので，写本が現存している[1)]。12世紀後半から13世紀のアイスランドでは，北欧のヴァイキングたちの信仰，思想，生活習慣などについて個人，氏族の事績を題材とし，散文形式で書かれた『サガ』（*Saga*）と呼ばれる一連の北欧独特の文学が登場した。

b. 近代の北欧文学

写真9-1　アンデルセン

18世紀のコペンハーゲンで活躍したホルベア（Ludvig Holberg, 1684-1754）は，『ヨーロッパ列強史序説』『デンマーク史』などの歴史書のほか，長篇詩『ペーデル・ポールス』，風刺劇『エラスムス・モンタス』など数々の創作劇を発表した。

19世紀にはロマン主義の時代に入り，中世の『エッダ』や『サガ』にみられる神話や民話を題材とする作品がつくられた。エーレンスレイヤー（Adam Gottolob Oehelenschlager, 1779-1850）による古代ヴァイキング時代の伝説を題材とした『黄金の角笛』，後述する国民高等学校の創立を説いたグルントヴィ（N. F. S. Grundtvig, 1783-1872）の『北欧神話学』，リョンルート（Elias Lonrot, 1802-1884）が編纂したフィンランドの代表的民族叙事詩『カレワラ』などが代表的である。

また，『マッチ売りの少女』『人魚姫』『絵のない絵本』など数々の創作童話を生み出したデンマーク出身のアンデルセン（Hans Christian Andersen, 1805-1875, 写真9-1），『冬の夜の物語』などの童話作品を残したフィンランド出身のトペリウス（Zachris Topelius, 1818-1898）らによる創作童話も盛んになった。

さらに，デンマークのキルケゴール（Soren Aaby Kierkegaard, 1813-1855）は『あれか，これか』『死に至る病』など，のちの現代哲学（実存主義）に大きな影響を及ぼす哲学書を著した。

19 世紀後半には，ノルウェーの劇作家イプセン（Henrik Ibsen, 1928-1906）の『人形の家』，スウェーデンの作家ストリンドベリ（August Strindberg, 1849-1912）による『痴人の告白』など，現実主義をとる作品が現れた。

写真 9-2　リンドグレーン

20 世紀には女性として最初のノーベル文学賞を受賞したスウェーデンの作家ラーゲルレーヴ（Selma Lagerlof, 1858-1940）が子どもにスウェーデンの自然や民話をわかりすく紹介した『ニルスのふしぎな旅』，スウェーデンの児童書の編集者で児童文学作家でもあったリンドグレーン（Astrid Lindgren, 1907-2002. 写真 9-2）の『長くつ下のピッピ』，フィンランドのトーベ・ヤンソン（Tove Marika Jansson, 1914-2001）の『小さなトロールと大きな洪水』から始まるムーミンシリーズなど，すぐれた児童文学作品が登場している。

第 3 節　北欧諸国の公共図書館史

a. デンマーク

写真 9-3　グルントヴィ

北欧諸国のなかで，最も早く図書館の変化がおこったのがデンマークである。18 世紀には学校の図書室を兼ね備えていた教区図書館が各地に設置され，公共図書館の役割を果たした。他方，ドイツの影響を強く受けたコペンハーゲン大学，王立図書館は，調査研究を主な目的とする学術図書館として機能していた。

デンマークでは，19 世紀後半からほかの北欧諸国に先駆けて，米国の公共図書館思想・制度を取り入れ，近代的な公共図書館を普及させていった。1850 年以降になると英国・米国と同様に成人教育の必要性から地方都市での公共図書館設立の機運が高まった。1885 年には 1697 の教区のうち 1068 の教区に図書館が設置されており[2]，この時期にデンマークで公共図書館運動の指導者であったスティーンベア（Andreas Schack Steenberg, 1854-1929）によって，主に米国の図書館思想をモデルとした公共図書館が紹介された。

デンマークの公共図書館は，学校教育が終了したあとの民衆の学習施設としての役割を担うものとして，1840 年代に始まったグルントヴィ（N. F. S. Grudtvig, 1783-1872, 写真 9-3）の国民高等学校（folkehøjskole，フォルケホイスコーレ）の制度とともに，成人教育に欠かせない機関と認識されるようになった[3]。

1901 年，王立図書館長にランゲ（Hans Ostenfeld Lange, 1863-1943）が就任すると，英国の図書館制度を参考に「広域図書館構想」が打ち出された[4]。1905 年にはデンマーク民衆図書館協会が創設された。1909 年には，スティーンベアを委員長とする国家図書館委員会が組織され，1920 年には図書館法の制定[5]にともない，この組織は図書館指導部に改組され，初代指導部長のデッシン（Thomas Dossing, 1882-1947）のもと図書館政策として，米国に倣った図書館制度の導入を進めていった[6)]。

1940年，デンマークはナチス・ドイツに占領され，図書の検閲・廃棄，図書館施設の接収などがおこなわれたため，図書館活動が制限された。占領期があけ，1946年には公貸権（こうたいけん）制度[7)]を盛り込んだ図書館法の改正があった。1950年の改正では地方自治体に私立，公立の区別をせずに，デンマーク領内の全図書館に対して補助金を与えることが義務づけられた。さらに，1964年の改正では全自治体に公共図書館の設置義務を課して，安定した財源と政策によって公共図書館を発展させていった[8)]。

b.　スウェーデン

スウェーデンにおいても，19世紀までは教区図書館を中心とする図書館活動が非常に狭い範囲でおこなわれていた。これら教区図書館は1830年代の半ばから広がりはじめていたが，1842年の義務教育の実施にともない，教会の補助施設として図書館を設けることが勧告された。これにより，本格的に図書館の設置が進むこととなった。しかし，その多くは，蔵書構成や運営体制に問題をかかえており，1860年代には衰退していった。これに代わるように，台頭してきたものが都市部の学習サークルを中心として設立された図書館である。産業発展を遂げはじめていた都市部においては，労働運動が盛んになり，大衆教育の必要性が増していた。このようななか，多くの民衆運動の拠点として学習サークルが組織され，著作物を収集し，独自の図書施設をもつようになった[9)]。

1905年には，教区図書館と自治体所有の図書館の財源として国庫補助金が少額ではあるが支給されるようになった。1912年には，国庫補助金の支給額の引き上げとともに，それまでは対象外とされてきた学習サークルの図書館，学校図書館にも補助金が支給されることとなった。この補助金の給付の条件として，図書館の一般公開が義務づけられた。さらに1930年に「公共図書館に対する国家補助令」が制定されると，各自治体に中央図書館を設置することが義務づけられ，学習サークル図書館は公共図書館へと統合されていった[10)]。

1915年にはスウェーデン図書館員協会が創設された。1950年代になり，国の行政改革によって地方自治体が278に統合され，地方自治体の権限が強化された結果，1965年には，各図書館に対して国庫補助金の支給がなくなり（国による補助金は特定の用途にのみ使用できる特別補助金として残った），公共図書館は自治体の財源をもとに運営されるようになった。

c.　ノルウェー

19世紀には牧師や教師が自分の蔵書を読書施設として公開しており，また隣国スウェーデンと同様に労働者によって組織された学習サークルも各地につくられていた。これら学習サークルの多くが，良書の提供と大衆教育を促進させることを目的として啓蒙書や実用書を備えた図書施設を設置しており，それが公共図書館へと発展していくこととなる。

ノルウェーの近代的な公共図書館の設立は，1898年，オスロのカールダイクマン図書館長のニーフス（Hakon Nyhus, 1886-1913）により始まった。彼は，米国の公共図書館モデルを取り入れた図書館の運営を開始し，その後，各地で米国をモデルとした公共図書館が普及していった。1913 年には，最初のノルウェー図書館協会が創設された。

その後 1935 年には，ノルウェーで最初の公共図書館法が制定された。また翌年には，与党であった労働党の政策として図書館が取り上げられ，公共図書館政策の充実がはかられた。しかし 1940 年には，デンマークに続きノルウェーもナチス・ドイツに占領されたため，1945 年に占領があけるまで，ほとんどすべての図書館活動が停止することとなった[11]。

1947 年には「公共および学校図書館法」が制定され，各自治体に公共図書館の設置を義務づけるとともに，国庫補助金が支給されることが規定され，国による管理のもと，公共図書館として戦後の再出発を遂げることとなった。

d. フィンランド

フィンランドでは，首都トゥルクが 1827 年に火災によって全焼したため，首都がヘルシンキに移された。ヘルシンキ大学図書館が新設されると，ピッピング（Fredrik Wilhelm Pipping, 1783-1868）館長のもと，図書館活動にも急激な発展が遂げられた[12]。

19 世紀初頭のフィンランドは，フィンランド大公国として帝政ロシアの保護領となっている時期にあたる。19～20 世紀においては，主に各地の教区図書館によって図書館活動がおこなわれていたが，聖職者や学生を中心として次第に図書館運動が盛んになり，小規模ながら多くの図書館が設立されていった。1910 年にフィンランド図書館協会が創設された。1917 年にフィンランドがロシア帝国から独立すると，1921 年には図書館に対する国庫補助金の支給がなされることとなり，1928 年に最初の図書館法が制定された。これら補助金による安定した財源の確保がフィンランドの公共図書館の普及を促した。1962 年の図書館法の改正では中央図書館の役割が強化されるとともに，公共図書館の整理がおこなわれ，小規模図書館の多くはブックモビル（book mobile，移動図書館）によるサービス提供へとおきかわっていった（1960 年には 4007 館だったものが，1970 年には 2903 館に整理された）。

設　問

(1) 本章であげた北欧の児童文学作家について，その活動や作品の内容を調べ，900 字程度でまとめなさい。
(2) 現在の北欧諸国の公共図書館について，各国の図書館事情を調べ，900 字程度でまとめなさい。

参考文献

1. 山室静『北欧文学の世界』（北欧文化シリーズ），東海大学出版会，1969 年
2. 彌吉光長編『デンマークの図書館』（北欧文化シリーズ），東海大学出版会，1975 年
3. 藤野幸雄編著『世界の図書館百科』日外アソシエーツ，2006 年
4. 小林ソーデルマン淳子・吉田右子・和気尚美『読書を支えるスウェーデンの公共図書館』新評社，2012 年
5. マヌグセン矢部直美・吉田右子・和気尚美『文化を育むノルウェーの公共図書館』新評社，2013 年
6. Laura Skouvig. De danske folkebiblioteker ca. 1880-1920 (online), available from

http://pure.iva.dk/files/31034864/laura_skouvig_phd.pdf（'13. 10. 1 現在参照可）.

注）

1）『エッダ』には，スノリの『エッダ』とその原著と想定されている『古エッダ』の 2 種類があり，『古エッダ』はデンマーク王立図書館に『王の写本』として残されている（参考文献 1，pp.11-13）。

2）このうち 700 館は 1860 年以降に設置された。この時期には，教区図書館として自治体が管理するものは 318 館しかなかった。啓蒙促進や，経済的に図書を購入することが困難な人々に良書を普及させることを目的としていた。

3）国民高等学校はデンマーク特有の制度で，農閑期の教育を主に担っていた。その多くは独自の図書室を備えており，読書が重視され，国内に多くの読書会を誕生させることとなった。日本では，デンマークのこの国民高等学校をモデルとして，1946 年，松前重義（1901-1991）によって東海大学が建学された。

4）1909 年にオーフス国立図書館で行われた最初の図書館大会でランゲによる講演がおこなわれた。各自治体に中央図書館を設置し，周辺の教区図書館を統括するというもので，まず 1914 年にホルベグとヴェイルの図書館で試験的に導入された。Lange, H.O., *Biblioteksagen under for Kobenhavn*, 1909.

5）1920 年の図書館法により図書館を維持していくことができるだけの補助金が受けられるようになったため，教区図書館による図書館活動に依存してきた多くの自治体が，自治体所有の図書館を設立することとなった。

6）1917 年にスティーンベア，デッシンによって英米目録規則が標準目録規則として採用されるなど，米国に倣った分類法・目録法が導入された。

7）公共貸与権とも呼ばれる制度。図書館で著作物を貸出すことによって，著作物の販売が阻害されてしまうことが考えられるため，その保障を著作者に与えるべきであるという著作権者を保護する制度である。現在ではヨーロッパ各国で類似の制度が導入されており，日本においても導入に向けて検討が続けられている。南亮一「公共貸与権をめぐる国際動向」『カレントアウェアネス』No.286, 2005 年, pp.18-21。

8）この改正により公共図書館は原則として地方公共団体の機関であることとされ，教区図書館の多くが財政的援助を受けられないこととなった。このため，ほとんどの教区図書館が自治体所有の定時制図書館へと変更された。

9）学習サークルではとくに労働運動と禁酒運動に関する活動が中心。これらの図書館は 20 世紀初頭には 5000 館以上も設立されており，主にグループの会員間で会費を出し合い運営され，会員制図書館の性質が強かった。白井静子「スウェーデンの図書館から (3) スウェーデンの図書館の歴史」『みんなの図書館』No.147, 1989 年，p.60。

10）同種の図書館のなかで最大規模のストックホルム労働者図書館は，1928 年にストックホルム市立図書館へといち早く発展した。

11）ほとんどすべての図書館が閉館されるなか，1940〜1945 年の占領期にもオスロ大学図書館はヴィルヘルム・マンテ（Wilhelm Munte）館長のもとで開館されていた。

12）1844 年の大学図書館新館完成時の約 5 万冊から，1857 年には約 10 万冊にまで増加させている。

10 日　本（古代〜近世）

この章では，古代から近世にかけての日本の図書館について概観する。古代には中国や朝鮮半島から日本に文字が伝わり，律令国家の体制のなかで図書寮が設置される。また奈良時代末期から平安時代にかけては，貴族階級には個人的な文庫も登場する。鎌倉時代以降の中世では貴族から武士へ権力が移り武士階級の文庫や学校が登場する。江戸時代になると徳川家康の文教政策により武士教育はおおいに発展し，学問所や藩校が設けられるようになる。

第1節　古　代

a. 文字の伝来

807（大同2）年に斎部広成（8世紀後半-9世紀初頭）によって編纂された『古語拾遺』の冒頭では「蓋し聞く，上古の世，未だ文字は有らず。貴賤老少は口々に相傳へ，前言往行は忘れざりあらむ。」とあり，古代日本には独自の文字がなかったことがうかがい知れる（巻末資料4）。

文字の伝来に関しては，712（和銅5）年に編纂された『古事記』や720（養老4）年編纂の『日本書紀』などに，3世紀末の応神天皇のころに朝鮮半島の百済から阿直岐（生年没不詳）・王仁（生年没不詳）が漢字初学者用の教科書である『千字文』と儒学の経典である『論語』を持参したことが記されている。実際には，『千字文』は6世紀に中国で著作されたものなので，『古事記』や『日本書紀』の記述は年代的な矛盾があるが，少なくとも4〜5世紀ごろには日本でも文字が使用されていたと考えられている[1]。

b. 飛鳥時代

6世紀には百済から五経博士，歴博士，易博士，医博士といった官職名をもつ人々が渡来し，儒学・暦・易・医術などの典籍が伝来する。さらには，仏教も伝来し（538年または552年），仏像とともに経典も百済から届けられた。こうした典籍を写書するために紙が必要となってくる。『日本書紀』に，610（推古18）年，高句麗の僧である曇徴（生没年不詳）が来日して絵具や紙や墨をつくったとの記述があり，これが文献に記録された最古の造紙の記録である（実際にはこれ以前に紙の生産は始まっており，曇徴は紙の改良者だったと考えられる）（巻末資料5）。推古天皇（554-628）の摂政であった聖徳太子（574-622）は法隆寺の建立など仏教の保護に熱心で，日本最初の書物といわれる『三経義疏』という仏教注釈書を書いた人物ともいわれている。

天智天皇（626-671）の時代に行政文書を扱う部署として「図書寮」が設置された。701（大宝元）年，大宝律令が定められ中央集権的な律令国家が確立すると，天皇の命令書などを作成する中務省に「図書寮」が属することが定められ，組織としての位置づけが明確になる。

図書寮の主な業務は，儒学や経典の図書の管理・保存だけではなく，仏像の保管，国史の編集，経典の校写や写書，さらには紙・筆・墨の作成など多岐にわたっていた。したがって，独立した図書館ではなく，記録の編纂や保管の役割が強いといえる[2]。役人には図書の閲覧・貸出もおこなわれた。図書寮以外にも，政務記録を保存する「文殿（ふどの）」と呼ばれる役所があり，現在の公文書館のような役割を果たしていた。

c. 奈良・平安時代

制作年代が明確な世界最古級の印刷物の１つ『百万塔陀羅尼（ひゃくまんとうだらに）』[3]（カバー写真）は，藤原仲麻呂の乱（恵美押勝（えみのおしかつ）の乱ともいう）を契機に，奈良時代の女帝称徳（しょうとく）天皇（718-770）の発願によって製作された。国家安泰を願い，延命や除災を願う経文「無垢浄光陀羅尼経（むくじょうこうだらにきょう）」を100万枚印刷させ，同時につくらせた木製の三重小塔のなかに納めて，法隆寺や東大寺など十大寺に分置した[4]。経文の印刷方法については，スタンプのような捺印説と印刷説があり，印刷も銅版説，木版説の諸説があり，いまだどのような方法で作成されたかは判明していない。

同じく奈良時代末の貴族石上宅嗣（いそのかみやかつぐ）（729〜781，写真 10-1）は万葉集にも和歌が収録されているように，詩文を好み漢籍に関する知識も豊富な学者であった。彼は，また，日本最初の公開図書館である「芸亭（うんてい）」を設けた人物である。『続日本紀（しょくにほんぎ）』には，自分の邸宅を寺として，その境内に書斎を設けて「芸亭」と名づけ，仏教書以外の図書を収蔵し，学問を好む人々に自由に公開させたとの記述がある。芸亭は，宅嗣の死後20年ほど存続していたが，次第に衰亡していった（巻末資料6，写真 10-1）。

写真 10-1　石上宅嗣

平安時代の貴族である菅原道真（すがわらのみちざね）（845-903）も「紅梅殿（こうばいどの）」という文庫をもっていた。元々は，父の是善（これよし）が，道真が官吏に及第するようにと設けた書斎であった。道真は，のちに書斎の書物を整理して菅原一門の子弟に公開するようになった。官吏に及第した一門は100人近くにものぼり，私塾としての機能を備えていたといえる。893（寛平5）年に道真が書いた『書斎記』には，紅梅殿が多くの一門に利用されていることを喜びつつも，間違った文字を削るための小刀を使って机を削る者や，書物を乱雑に扱う者，筆で書物に落書きをする者，書物に挟んでおいたメモを勝手に捨てる者などがいて困っている様子が記されている（写真 10-2）。

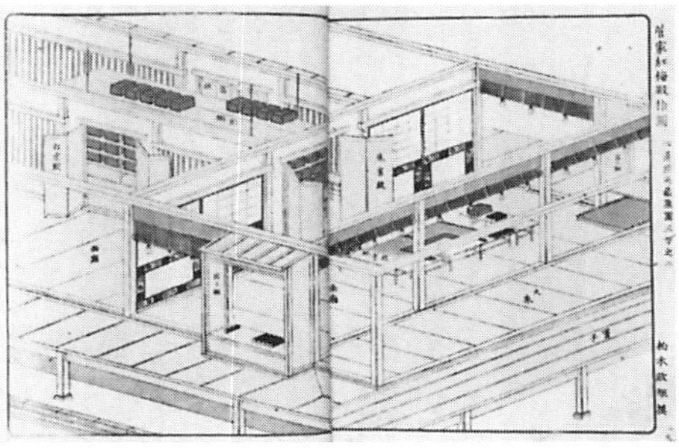

写真 10-2　紅梅殿
出典：『考証画図』国立公文書館所蔵

第2節　中世・近世

a. 名越（なごえ）文庫

源頼朝（1147-1199）は鎌倉幕府を開く際に，京の公家であった三善康信（みよしやすのぶ）（1140-1221）を問（もん）

注所初代執事として鎌倉に招いた。問注所とは，現在でいえば裁判所である。三善家は，律令（当時の法学）を司る明法家（明法とは法律に通じること）の家柄であったのでその博識を買われてのことだった。三善家累代の律令文書と幕府の問注所執事としての文書を収めるために鎌倉の名越に文庫を設立したのが名越文庫である。この半官半私の文庫は公開されなかったため，図書館としての性格は薄いものであったといわざるをえない。しかし，半公家半武家の性格を有しており，新しい文化が公家から武家に移行する過渡期を象徴する文庫とされている。

1208 年（承元 2 年），火災によって文庫は焼失してしまった。『吾妻鏡』（1300 年ごろ成立。鎌倉時代を知る歴史書）には「将軍家の御文籍，雑務文書，並びに散位倫兼日記以下累代の文書などを納め置き処，悉くもって灰燼と為す，善信これを聞き，愁嘆の余り落涙数行し心神網然と為す」と康信の落胆ぶりが記されている。

b. 金沢文庫

金沢文庫は，鎌倉中期に北条実時（1225-1276，写真 10-3）によって創設された文庫であり，武家文庫を代表するものである。実時は学問に篤く，文庫はさらに充実し，漢籍や国書など 2 万巻を超える蔵書をもつようになった。蔵書は，「千字文」の漢字ごとに分類されていた。北条一門の親族や同じ敷地にあった称名寺の学僧たちに利用されたが，利用には厳しい規定があった。個人の文庫としての性格が強く，公開図書館としての側面は薄かったといわざるをえない。

写真 10-3　北条実時像
（称名寺所蔵）

1333（元弘 3）年に鎌倉幕府は崩壊したが，戦火を免れた文庫の管理は，菩提寺である称名寺にゆだねられることとなる。蔵書のなかには「金沢文庫」の判が押されたものもあり，日本の蔵書印としては最も古いものとされている。

室町時代には，関東管領の上杉憲実（1410-1466），戦国時代には北条氏康（1515-1571）・氏政（1538-1590），安土桃山時代には豊臣秀次（1568-1595），江戸時代に入っては徳川家康（1542-1616），水戸藩徳川光圀（1628-1700），加賀藩前田綱紀（1643-1724）など，時の権力者などによってもちだされ散逸がはなはだしかった。

1897（明治 30）年に伊藤博文（1841-1909）の助力で称名寺境内に金沢文庫が再建され，1930（昭和 5）年に神奈川県立金沢文庫の名称で復興した。現在，金沢文庫と称名寺に伝来した文化財を保管している[5)]。

c. 足利学校

足利学校は，現存する日本最古の学校図書館といえよう（写真 10-4）。創建年は諸説あり不明であるが，鎌倉時代からあったことは確実視されている。室町時代に上杉憲実が再興したことにより足利学校は大きく発展する。易学を中心に四書五経や老子・荘子など，漢籍が中心であったが，兵学や医学など

写真 10-4　足利学校

の実学も講義されていた。学生は僧侶のみに限定され，武士は学ぶことができなかった。しかし，足利学校は武家社会のなかから発生した唯一の教学機関であり，ここで学んだ学僧は，戦国武将の軍事顧問として重用されるところとなった。戦国時代から安土桃山時代にかけて最盛期を迎え，学僧は 3500 人を超えた。日本にキリスト教を伝えたフランシスコ・ザビエル（Francisco Xavier, 1506-1552）も「日本国中で最も大にして最も有名なる坂東の大学」と記している[6]（巻末資料 7）。

足利学校は江戸時代も徳川氏の保護を受け存続し，1872（明治 5）年に一時廃校となるが，1903（明治 36）年に足利学校遺蹟図書館が発足し現在にいたっている。現在の足利学校では，上杉憲忠（1433-1455）が寄進した宋版『周易注疏』（中国の周時代の易占書の注釈書）や北条氏政が金沢文庫から寄贈させた『文選』など国宝 4 点，重要文化財 8 点を所蔵している。

d. きりしたん版

安土桃山時代にはポルトガル人やスペイン人が来日し，キリスト教や鉄砲に代表される西洋文化を伝えた。九州の 4 人の大名の名代としてローマへ派遣された遣欧少年使節は，1590（天正 18）年，日本に帰国した際，活版印刷機をもちこんだ。天草や長崎などで活版印刷による書籍がおよそ 20 年にわたって刊行された。これらは「きりしたん版」といわれ，現在では世界中で 32 種 70 数点が確認されるのみとなっている。当初はローマ字体だけだったが，後年にはカタカナ，ひらがなや漢字なども使用された。内容も『ぎやどぺかどる』[7]（写真 10-5）のようなキリスト教の教義に関するものだけではなく，『平家物語』『伊曽保物語』[8]といった物語や『日葡辞書』[9]などの辞書も刊行され，刊行部数は 1000 部程度と推測される。1612（慶長 17）年，キリスト教の禁制により宣教師が海外に追放されると，きりしたん版も途絶えてしまう。

写真 10-5　ぎやどぺかどる（複製－右：上巻，左：下巻）　明星大学司書課程蔵

安土桃山時代末期から江戸時代初期にかけて出版された活版印本は，「古活字版」と呼ばれている。「きりしたん版」以外にも後陽成天皇（1571-1617）が勅版した「慶長勅版」，徳川家康の「伏見版」「駿河版」，芸術家の本阿弥光悦（1558-1637）と書家の角倉素庵（1571-1632）らの「嵯峨版」，直江兼続（1560-1619）の「直江版」，寺院が刊行した「叡山版」「本能寺版」などがある。

e. 紅葉山文庫

徳川家康は，伏見版や駿河版などの出版事業だけでなく，書籍の収集保存にも熱心であった。1602（慶長 7）年に江戸城内に富士見亭文庫を設け，駿府に隠居後には駿河文庫を設けた。家康の死後に駿河文庫の蔵書は将軍家・尾張・紀伊・水戸の御三家に分譲され，これらの遺贈本が尾張藩の蓬左文庫・紀伊藩の偕楽園文庫・水戸藩の彰考館文庫の礎となっている。3 代将軍の徳川家光（1604-1651）が 1639（寛永 16）年に江戸城内の紅葉山に新しい書物蔵を設け，富士見亭文庫の蔵書を移した。これを紅葉山文庫（御文庫）という。書物奉行が4名任命され蔵書管理にあたった。書物奉行には8代将軍徳川吉宗（1684-1751）にサツマイモの栽培を奨励した青木昆陽（1698-1769）や幕府天文方でシーボルト事件に連座する高橋景保（1785-1829）なども任命されていた。幕末には16万巻の蔵書をもつようになる。将軍のための図書館という性格であったが，書物奉行の許可を得るかたちで幕府の機関や大名からの貸出にも応じていた。

また大名諸藩も文庫を設置しており，加賀藩の尊経閣文庫や，薩摩藩の春叢文庫，佐伯藩の佐伯文庫や，平戸藩の楽歳堂文庫などが著名である。

f. 学問所・藩校の文庫

将軍家や大名諸藩は，文治政治に倣い子弟の学問振興に努めた。幕府では昌平坂学問所（1790年）をはじめとする学問所が，諸藩には藩校が設けられた。「武士はもちろん，町在の者までも志しだいで学ぶことができる」とされていた加賀藩の「明倫堂」や，岡山藩の「閑谷学校」のように庶民を対象とするものもあった（昌平坂学問所も幕府直轄となるまでは庶民にも開放されていた）。こうした藩校のなかには，水戸藩の「弘道館」や米沢藩の「興譲館」や熊本藩の「時習館」のようにすぐれた文庫を有していたところもある。これらの文庫は教員や学生に利用されたが，校外への持ち出しは禁止されており，閲覧規則も制定されていた。

また昌平坂学問所では，1799年以降，200種類以上の教科書を出版した。各藩の藩校でも教科書の出版がおこなわれた。1842（文政11）年，書物出版取締令が出されると，昌平坂学問所では全国すべての出版物を検閲することになった。全国から書籍が収集され，これは日本における納本制度の先駆けともいえるが，検閲が重要な目的の1つであった。

g. 貸本屋

江戸時代には，武士階級だけでなく庶民にも書物が普及していく。寺子屋などの教育機関の発達にともなう識字率の上昇（30～40%程度と推定される）や出版印刷技術の発展などの要因が考えられている。そのようななか，庶民の読書に大きな影響を与えたのが貸本屋である。貸本屋は，江戸初期（1620～1640年ごろ）には存在していたと考えられる。初期の貸本屋は店舗をもたず，風呂敷などに書物を包んで家々を訪ね歩き書物を貸し出す行商のスタイルであったが，次第に店舗を構え大型化するようになった。大衆向きの娯楽本を多く取りそろえ，また，人気のある書物は複本を揃えるなどしておおいに繁盛した[10]。

1808（文化5）年の記録によると，江戸に日本橋・神田・京橋など12組の貸本屋組合があり，656軒が加入していた。また同じ時期の大坂には300人の貸本屋がいたと伝えられる[11]。もちろん江戸・大阪だけでなく貸本屋は全国にあり，なかでも1767（明和4）年に創業した名古屋の大野屋惣八（大惣）はとくに有名である。尾張藩士から庶民にいたるまで利用されたという[12]。

設問

⑴ 「金沢文庫」または「足利学校」の概要について，参考文献やHPなどで調べて900字程度

でまとめなさい。

(2)　江戸時代の「藩校」「寺子屋」「貸本屋」の特徴について，それぞれを比較しながら，そのちがいを説明しなさい。

参考文献

1. 岩猿敏生『日本図書館史概説』日外アソシエーツ，2007 年
2. 綿抜豊昭『江戸庶民のカルチャー事情』NHK 出版，2012 年
3. 樺山紘一『図説本の歴史』河出書房，2011 年

注）

1）『日本書紀』には 5 世紀初頭の履中天皇（生没年不詳）の出来事として「始めて諸国に国史を置き，言と事とを記して四方の志を達す」と記されており，文字による情報伝達がおこなわれていたことがうかがい知れる。5 世紀末に書かれた中国の史書『宋書』夷蛮伝倭国条では，大和朝廷が宋に使者を送った際に文章でのやり取りもおこなわれているとの記述もあり，中国との交渉には文書が使用されていたと考えられている。

2）図書寮の人員は校写担当の写書手が 20 人，図書の表装を担当する装潢手が 4 人，墨と紙を製造する造墨手と造紙手が 4 人ずつ，造墨手が 10 人であり，図書の保存のために写書が最も重視されていた。

3）韓国の仏国寺で 1966 年に発見された新羅木版の「無垢浄光大陀羅尼経」は 8 世紀前半のものと推定され，百万塔陀羅尼より古いと考えられており，現存する世界最古の印刷物とされている。

4）陀羅尼とは，梵語（サンスクリット）の経典の意味である。『続日本紀』によれば，770 年（宝亀元年）の完成までに 5 年 8 カ月の月日を費やし，157 名の技術者がかかわったと記されている。実際に現存する三重小塔の底部には制作年月日や工房名，工人名など 250 人以上が墨書きされており，多くの人々が作成にかかわっていた。

5）現在の金沢文庫には，中国の宋の木版印刷の集大成ともいえる『宋版一切経』（重要文化財）や，清少納言が「文は文選」と評した『文選集注』（国宝）が所蔵されている。後者は,平安時代に書写された「文選」の注釈書である。中国には伝存せず散逸してしまって日本にのみ残っている貴重なものである。また，北条氏一族や称名寺の僧侶たちが書いた手紙類など約 4000 通は『金沢文庫文書』と呼ばれ，鎌倉時代の人々の日常の暮らしぶりを知るうえで貴重な資料となっている。

6）1549 年にサビエルがインド・ゴアの布教本部に宛てた書簡に記載されている。詳しくは『聖フランシスコ・ザビエル全書簡 3』東洋文庫，1994 年，p.128，p.198 を参照。

7）「ぎやどぺかどる」（1599 年刊行）は「罪人を善に導く」という意味であり，ルイス・デ・グラナダが 1555 年に書いた信仰修養書 *Guia de Pecadores* を日本語訳にしたものである。平仮名混じりの口語俗語の表現方法は，民衆への普及を考慮したものであり，伝統的な仏典の漢語中心の出版に比べると革新的な発想であったといえる。

8）天草で刊行されたイソップ物語（古代ギリシアの寓話作家アイソーポスが作話したと伝えられるものをもとに後世の人々がさまざまに付加し脚色したとされる西洋で広く語り継がれた物語）の翻訳本。「京都大学電子図書館」で閲読することができる。http://edb.kulib.kyoto-u.ac.jp/exhibit/np/isoho.html（'13.10.15 現在参照可）。

9）この辞書を日本語に訳した，土井忠生［ほか］編訳『邦訳日葡辞書』岩波書店，1995 年は，国語史研究に不可欠な文献とされる。ほかに，オックスフォード大学ボードレイ文庫所蔵の原本を原色・原寸大に複製した『キリシタン版日葡辞書カラー影印版』勉誠出版，2013 年もある。

10）参考文献 2，pp.14-15 によれば，貸出料（当時は見料といった）はおおよそ新刊本の場合 15 日間で売り値の 6 分の 1 ほどだったようであり，江戸の町だけでも 6 万 5000 人の利用者がいたと推定される。

11）参考文献 2，pp.12-15 および参考文献 3，pp.80-81 を参照。ほかにも，江戸末期の 1832（天保 3）年に漢学者の寺門静軒が著した『江戸繁盛記』には江戸だけでも 800 軒以上の貸本屋があったと書かれており，繁盛したことがうかがえる。

12）大野屋惣八は 1899（明治 32）年まで営まれ，購入した書籍は売却しないという方針で，廃業時には 2 万種以上の膨大な蔵書を蓄えていた。蔵書は国立国会図書館や京都大学などで「大惣本」として所蔵されている。

11 日本（明治時代～現代）

わが国は，第二次世界大戦終結の前と後では国のあり方そのものが大きく異なる。そこで，1945（昭和 20）年をもって対象を大きく 2 分し，前半は，書籍館（しょじゃくかん）（図書館は当初こう呼ばれた），図書館令，改正図書館令の 3 つの時代に分けて概観する。後半は，日本図書館協会が提示した時代区分[1]を借用し，模索，飛躍，展開，そして，以降を新しく課題解決型図書館の時代とした。

第 1 節　文明開化と図書館の衝撃

1858（安政 5）年，江戸幕府は日米修好通商条約に調印した。1860（万延 1）年，その批准書を交換するため，米国に使節団が派遣された。このとき随行したのが福沢諭吉（1835-1901）である。福沢は，幕府が派遣した遣外使節 6 回のうち 3 回に同行し，この経験をもとに 1866（慶応 2）年，『西洋事情』（1870 年完結）を著した。同書は，日本人が書いた初めての西洋の紹介書とされ，多くの人々に読まれ，当時のベストセラーであった。そのなかに図書館に関する記述がある（史料 11-1）。

文庫

一西洋諸國ノ都府ニハ文庫アリ「ビブリオテーキ」
ト云フ日用ノ書籍圖画等ヨリ古書珍書ニ至ル
マテ萬國ノ書皆備リ衆人来リテ随意ニ之ヲ讀
ムヘシ但シ毎日庫内ニテ讀ムノミニテ家ニ持
歸ルコトヲ許サス龍動ノ文庫ニハ書籍八十萬
巻彼得堡（ペートルスビュルグ）魯西亞ノ首府ノ文庫ニハ九十萬巻、巴理
斯ノ文庫ニハ百五十萬巻アリ佛人云フ巴理斯
文庫ノ書ヲ一列ニ並ルトキ長サ七里ナルヘシト
○文庫ハ政府ニ屬スルモノアリ國中一般ニ屬
スルモノアリ外國ノ書ハ之ヲ買ヒ自國ノ書ハ
國中ニテ新ニ出版スル者ヨリ其書一部ヲ文庫
ヘ納メシム

史料 11-1 『西洋事情』初編巻之一，pp.75-6.
出典：慶應義塾図書館『デジタルで読む福澤諭吉』http://project.lib.keio.ac.jp/

1868（明治 1）年，明治新政府が樹立された。西洋世界をつぶさに実見する必要を感じた新政府は，岩倉具視（いわくらともみ）（1825-1883）を団長（正使）とする総勢 107 名にのぼる大使節団を派遣した。あしかけ 3 年にわたる長期視察旅行であった（1871 年 11 月出港，1873 年 9 月帰朝）。この使節団に随行した久米邦武（くめくにたけ）（1839-1931）が，帰国後，『特命全権大使米欧回覧実記』を編集した。これに欧米流の図書館がいくつか報告されている（巻末資料 8）。政府にとって，先進国制度のなかで図書館はかなり衝撃的に映ったようである。そのほか，田中不二麿（たなかふじまろ）（1845-1909）[2]，目加田種太郎（めがたたねたろう）（1853-1926）[3]も同様の報告をおこなっている。

第 2 節　近代型図書館の形成

明治時代を象徴する「文明開化」「脱亜入欧」「富国強兵」「殖産興業」などの言葉が示すように，わが国は西欧流の近代国家の樹立，国力増進を急務とし，「大正デモクラシー」のような民主主義の風潮に対してはむしろ抑圧的であった。図書館政策はこうした国策の下におこなわれた。

a. 書籍館の時代（1872～1899 年）

わが国の近代教育制度は，1872（明治 5）年の「学制」により始まる。同年，文部省博物局内

に書籍館が開設された。のちのわが国の国立中央図書館の礎となる最初の図書館である。さらに同じ年，貸本業者が参入し民間において京都集書院が竣工，翌年，開業した[4]。これはわが国最初の一般公開図書館といわれる[5]。同集書院は，一時，文明開化の風潮の下でその象徴として人々にもてはやされ，近畿圏一円に同種の施設の開業を促すなど一定の影響をもった。残念ながら，その後は急速に衰退し，わずか 9 年で閉鎖された。この時代，集書院は有料制が多かった。

急激な社会変化に際して，人々は新しい情報を求めようとした。この要求に応えたのが同じく 1872 年以降各地に出現した新聞縦覧所であり，また，前時代からの貸本屋であった。

先の書籍館は，名称と所管を度々変更しながら（付録 2 参照），1897（明治 30）年，「帝国図書館官制」が交付され，先進国の国立図書館制度にならって帝国図書館に改組された。

図書館（書籍館）が初めて法的に規律されたのは，1879（明治 12）年の「教育令」（「学制」は廃止）である[6]。これにより，図書館を教育制度の一部として取り扱うことが明確にされた。

この時代，図書館づくりは，近代国家の確立を急ぐ政府による上からのものと，憲法や議会開設を睨んだ自由民権運動に連なる下からのものとが見られる。上からの公立書籍館は短命に終わった例が多い。一方，五日市憲法（1881 年）などで知られる民衆憲法の勉強会が各地でおこなわれたが，人々は，新しい知識を吸収するにために自ら図書館施設（書籍縦覧所など）を設ける例が見られた。民衆運動に対する政府の圧力が強まり，これらも不振に終わった。

代わるように現れたのが，各地の教育会による書籍館であった。これらの図書館は「普通図書館」とか「通俗図書館」と呼ばれ[7]，固い図書中心の公立書籍館とは異なり，一般民衆に平易な図書を提供する当時としては新たな図書館の類型であった。大日本教育会書籍館（1887 年開設）がその典型とされる。

b. 図書館令の時代（1899〜1933）

1899（明治 32）年 11 月，「図書館令」が公布された（史料 11-2）。これは社会教育施設に関する最初の独立法規であり，これにより公共図書館は急速に発達したといわれる[8]。巻末資料 11 を見ると，たしかに，同令 3 年後ぐらいから図書館数は増えている。注目は第 7 条で，閲覧料の徴収ができるとされていた（なお，第 5 条の「開申」とは「自己のしたことを監督官庁に報告すること」の意）。

東京市（1889 年施行の「市制・町村制」にもとづき設置。1943 年から東京都）には主だった図書館がなかったが，通俗図書館設置の機運が高まり，1908（明治 41）

> 図書館令（明治三十二年十一月十一日勅令第四百二十九号）
> 第一条　北海道府県郡市町村北海道及沖縄県ヲ含ムニ於テハ図書ヲ蒐集シ公衆ノ閲覧ニ供セムカ為図書館ヲ設置スルコトヲ得
> 第二条　明治二十六年勅令第三十三号ノ規定ハ図書館ニ関シ之ヲ準用ス
> 第三条　私人ハ本令ノ規定ニ依リ図書館ヲ設置スルコトヲ得
> 第四条　図書館ハ公立学校又ハ私立学校ニ附設スルコトヲ得
> 第五条　図書館ノ設置廃止ハ其ノ公立ニ係ルモノハ文部大臣ノ認可ヲ受ケ其ノ私立ニ係ルモノハ文部大臣ニ開申スヘシ
> 第六条　公立図書館ニハ館長及書記ヲ置キ地方長官之ヲ任免ス館長書記ハ判任文官ト同一ノ待遇ヲ受ク其ノ等級配当ニ関シテハ館長ニハ明治二十五年勅令第三十九号中判任文官ト同一ノ待遇ヲ受クル公立中学校教諭ニ関スル規定、書記ニハ公立中学校書記ニ関スル規定ヲ準用ス
> 第七条　公立図書館ニ於テハ図書閲覧料ヲ徴収スルコトヲ得
> 附則
> 第八条　諸学校通則第三条中及小学校令中書籍館及図書館ニ関スル規定ハ之ヲ廃止ス

史料 11-2 『図書館令』
出典：文部省『学生百年史資料編』1972年，p.201。

年，東京市立日比谷図書館が開館した。1914（大正3）年，今沢慈海（いまさわじかい）（1883-1968）[9]が若くして館長に就いた。今沢は，翌年，市内全域の図書館を統括する図書館頭に就くと，児童図書室を無料化したほか，市内図書館同士の共同選書・購入，分担保存，印刷カードによる市内図書館の総合目録，同相互貸借，さらに，レファレンスサービスの実施など，現代に通ずる先進的な図書館サービスを数多く試みた[10]。

1910（明治45）年，文部大臣小松原英太郎（1852-1919）は「図書館設立ニ関スル注意事項」（いわゆる小松原訓令，巻末資料12）を各地方長官に対して訓令した。そのなかで，通俗図書館を，国民道徳を涵養し思想の健全化を養成するための教化機関と位置づけた[11]。

佐野友三郎（1864-1920）は，この時代最もすぐれた図書館人と評される人物である[12]。彼は，わが国で初めて巡回文庫（英語の traveling library にあたる。巻末資料13）を実施した。

c. 改正図書館令の時代（1933～1945年）

1933（昭和）年，改正図書館令（巻末資料14）が施行され，府県単位で1館を指定させる中央館制（第10条）が実施された。長らく図書館界が求めてきたものではあったが，のちに国による言論統制・思想善導の強化にもつながることになった[13]。この時代は，日本版ファシズムが台頭し，国家総動員体制にいたるプロセスに即応している。同令は，図書館の本質をめぐる論争を巻き起こした。それは究極のところ，国民教化という国家目的に対し図書館はどこまで協力するのかという論争であった。全国図書館大会に対し，度々，文部大臣が諮問している。その変遷を見ると（巻末資料15），図書館界がこれに取り込まれていった様子がよくわかる。全国大会も権力側から中止を求められようになり，図書館団体を一本化しようと，1941（昭和16）年，これに代わる大政翼賛的な全国図書館綜合協議会を開催した。図書館界は思想警察の指示に従い，左翼思想図書を書架から撤去するなどの協力をするにいたった。

d. 時代を通じて

わが国の図書館界が一定の成熟を得たとみなせる出来事として，全国団体の創立をあげることができよう。1892（明治25）年，日本文庫協会（世界で3番目に古い図書館協会といわれる。のちの日本図書館協会）が設立された。図書館の先進国の1つ，米国から遅れること17年である。全国大会は，1906（明治39）年，第1回全国図書館員大会が東京で開催（米国から遅れること30年）され，翌年には，機関誌『図書館雑誌』（月刊）が創刊された。同協会は1908（明治41）年，「日本図書館協会」（以下，日図協）に改称，1929（昭和4）年には国際団体（国際図書館連盟，IFLA）に加盟した。大戦後の1947年，「社団法人日本図書館協会」として再発足，現在にいたる[14]。

忘れがちだが，図書館周辺には書架や図書館用機器備品を調達する納入会社などが活性化していなければならない。関西圏には，間宮不二雄（1890-1970）[15]率いる「間宮商店」（図11-1）があった。彼自身は図書館畑の人間ではないが，図書と図書館に対するすぐれた理解者で図書館界に一定の影響を与えた。1927（昭和2）年，青年図書館員聯盟（れんめい）（以下，聯盟）を創立し，1943（昭和18）年に自ら解散を宣言するまで書記長を務め，機関誌『圕研究』（としょかん）の編集を担当した。

間宮商店に勤務していたのが森清（もりきよし）（1906-1990）[16]であった。森は，図書館に納入する図書のリストを海外の進んだ分類法[17]を参考に独自の方法で整理していた。間宮は，これを機関誌に発表するよう勧めた[18]。翌1929（昭和4）年，同商店から『日本十進分類法』（NDC）として出版された。聯盟は，さらに『日本件名標目表』（NSH。加藤宗厚編，1930年。のちの『基本件名標目表』BSHの前身），『日本目録規則』（NCR。堀口貞子原案，青年図書館員連盟，1942年）を編纂し，同商店から出版した。わが国で用いられる三大ツールの発端である。

図11-1 間宮商店 広告に描かれたイラスト（明星大学司書課程蔵）。

第3節 第二次世界大戦後の公共図書館の状況

戦争で完膚無きまでに敗退を喫したわが国は，それまでの天皇制中央集権体制を改め，西欧流の民主主義に基本をおく国家として再出発した。あたかも社会制度の大部分をリセットしたかのようである。図書館においても同様であった。

1945（昭和20）年8月15日，わが国は無条件降伏した。以降，独立国家としての体（たい）を失い[19]，国際社会の表舞台から退場した。勝利を収めた連合国側は，武装解除を指令したあと，わが国が二度と再び自由主義陣営に“歯向かわない”ようさまざまな改革[20]を要求した。その目的は，わが国を名実ともに民主主義国家・平和国家に改造することであった。戦前のような軍国主義や超国家主義に凝り固まった日本を，意識の上で完全に解き放つためには，教育の民主化は必須の課題である。しかしながら，連合国側は，学校教育の民主化にとどまらず，図書館も民主化しなければならないとした（日本人には決して思いつかない発想であろう）。GHQ[21]におかれたCIEを中心に，キーニー（Philip Olin Keeney, 1891-1962）らが図書館担当官（libraries officer）として来日し，指導にあたった。「これぞ，民主主義国家の図書館」と示すため，モデルとなる図書館を主要都市に開設した。これがCIE図書館（のちのアメリカンセンター）[22]である。

a. 模索の時代（1950〜1963年）—制度的枠組みの確立

いまだ占領下にあったわが国は，1950（昭和25）年，図書館法（法律第118号，以下，「法」）を制定した。この時代を一言でいえば，「法」により制度的な枠組みを固め，民主主義国家の図書館とはいかにあるべきか，という課題を模索した時代である。

民主国家・平和国家として新たに歩み始めたわが国であったが，その道を揺るがす国際的な事件が「法」成立から2カ月後に起こった。朝鮮戦争である。国は，民主化に逆行するかのような政策を打ち出すようになった[23]。図書館蔵書や読書記録の検閲・自己規制に対する図書館の対応が話題になり，1954（昭和29）年の全国図書館大会で「図書館の自由に関する宣言」が一部採択された。基本的に，図書館員はすべての事柄において中立の立場に身をおくことが望まれるが，この宣言は，民主主義という国のあり方の根幹をなす問題に際して態度を表明したものとして重要である。しかし，多くの議論を呼んだのも事実であり，その後25年の時をおいて，1979（昭和 54）年に完成した[24]。翌年,『図書館員の倫理綱領』（日本図書館協会）が刊行された。

b. 飛躍の時代（1963〜1970 年）－わが国の風土に合った図書館づくり

1960 年代，わが国は，高度経済成長期のまっただ中にあった。このころから，海外に学ぶばかりでなくわが国固有の風土にあった図書館づくりをすべきではないか，といった主張が多く見られるようになった。日図協事務局長の有山崧（1911-1969）[25]の声かけにより，若い図書館員らが全国調査に送り出され，1963（昭和 38）年,『中小都市における公共図書館の運営』（通称，中小レポート，巻末資料 16）をまとめあげた。同書は,「中小公共図書館こそ公共図書館の全てである」と唱え，当時の図書館界に多大な理念的影響を与えた。

1965（昭和 40）年，東京都日野市立図書館が移動図書館のみで開館した。この活動には，大きな歴史的な意義がある。1つ目は中小レポートの正しさを実証した点，2つ目は建物がなくても図書館サービスはできるということを当時の図書館界に示した点である。以降，高知市民図書館（以前からすぐれた活動をおこなっていたことで知られていた），福岡県大牟田市，北海道置戸町，また，東京町田市や府中市をはじめ多摩地域の図書館などですぐれた先導的活動がおこなわれた。

c. 展開の時代（1970〜2000 年）―市民の図書館の量的質的拡大

1968（昭和 43）年，日図協は「公共図書館振興プロジェクト」を発足させた。翌々年，日野市立図書館長の前川恒雄（1930-）らが執筆にあたり，このプロジェクトの成果が刊行された。『市民の図書館』[26]である。わが国の公共図書館界は，以降，同書に示された図書館づくりにその方向性を定めた。ここに示された図書館モデルは，明らかに図書館の情報提供機能を重視したものである（本シリーズ第 4 巻第 4 章も参照)。

同年，東京都は『図書館政策の課題と対策』を出した。この報告書は『市民の図書館』とともに 1970 年代の公共図書館躍進に貢献したとされる[27]。以降，質・量とも右肩上がりに発展する。

d. 課題解決型図書館の時代（2000 年〜）

2000（平成 12）年 12 月，民間においてビジネス支援図書館推進協議会が立ち上げられた。それまで図書館は文教（教育）施設の枠組みを出ることはなかったが，地域社会の経済活性化にも役に立つという面が着目された。地域社会は商業地域ばかりではないので，その後，地場産業支援，法務情報支援，子育て支援というように，人々の課題を解決する図書館という考えが定着していった。この活動では，千葉県浦安市立図書館，神奈川県立川崎図書館などが注目を浴びた。

同じく 2000 年，文部省（文科省となるのは翌年から）は『2005 年の図書館像』[28]という冊子を全国に配布した。この冊子は次の 2 点で歴史的な意義をもつ。①1990 年代に盛んになった地方分権の議論を受け，それまでの上意下達の指導を改め理想像を提示してそれに賛同する自治体を支援するという新しい行政手法が用いられた点（この手法は，後継の『これからの図書館像』でも用いられた）②（極論だが）本がなくとも図書館サービスはできるということを示した点。

その後，米国で電子書籍がブームになると，地域電子図書館は現実味を帯びてきた。電子書籍の“貸出”をいち早く始めた図書館は，2007（平成 19）年，東京都千代田区千代田図書館である。

最近，何かと話題が多いのが佐賀県武雄市図書館である。今や市民生活に深く溶け込んでいるレンタル店ツタヤを運営するCCC（カルチュア・コンビニエンス・クラブ）が指定管理者となったことで注目された。しかし，図書館史の観点からはもっと注目すべきことがある。独自の分類体系（表11-1）を用いたことはその1つである[29]。同図書館のユニークな点は，「法」の縛りを排除しようとした形跡がみられることである。図書館史のなかで論じられるのはまだ数年先だが，もたらされた変化が住民の要求によって生じたかどうかが評価の的となろう。これまでのほかの出来事と同じである。

表11-1 武雄市図書館22分類

楽しみ方（旅行）	自然科学
暮らし方（料理／食）	技術
生き方（人文）	産業
児童書・絵本	ＰＣ
コミック	歴史・郷土
文学・文芸書	ビジネス
デザイン・アート	語学・参考書
建築	政治・国際
趣味・実用	経済
社会	法律
医療・看護福祉	教育

第4節 図書館各界の状況

1947（昭和22）年4月に施行された国会法（法律第79号）で「議員の調査研究に資するため，国会に国会図書館を置く」（第130条）と規定された[30]。衆参両議院議長はGHQ／SCAPに対し図書館専門家の派遣を要請，同年末，米国図書館使節が来日した。この使節の助言により基本構想がまとめられ，翌年，国立国会図書館法（法律第5号）が制定，それまでの帝国図書館を改組して国立国会図書館（NDL）が発足した。NDLは，国の中央図書館として，わが国の文化学術を保存継承する最大の目的があり，法定納本制をもつ。以降，度々法改正がおこなわれ，現在，インターネット資料の保存事業にも拡大されている（本シリーズ第2巻第9章も参照）。2000（平成12）年，旧帝国図書館の建物を改装して，国際子ども図書館（カバー写真）がオープンした。

一方，学校図書館界は，「法」に並ぶ単独法の成立をめざしていた。民間では全国学校図書館協議会が結成され（1950年），この運動は1953（昭和28）年に結実，学校図書館法（法律第185号）が成立した。同法は，1997（平成9）年に改正され，司書教諭の猶予規定が見直されたが，なお，全校配置にはいたっていない。現在の重要課題は，いわゆる学校司書の法制化である。2013（平成25）年8月，文科省は有識者会議を組織した。

日本の大学は，1947（昭和22）年の教育基本法（法律第25号）・学校教育法（法律第26号）により新たなスタートをきったが，戦争によって質・量ともに低下した図書館の復興は進まなかった。1960年代になると，東京大学を始めいくつかの大学で図書館改善計画が実施された。まもなく，大学図書館の近代化はコンピュータ化と同義となり，1983（昭和58）年，東大文献情報センターが発足，国立大学間のネットワーク化を進めた。1986年，同センターは大学共同利用機関として学術情報センターに，さらに2000（平成12）年，国立情報学研究所に改組された。

第5節 歴史における図書館の変化の誘因

図書館学の第5法則「図書館は成長する有機体」という言葉を引くまでもなく，あくまで利用者による「こういう図書館であってほしい」という要求に応えて，図書館が変わっていくことが望ましい。たとえば，開架革命，ペーパーバックの収集などが思い浮かぶ。しかし，図書館側が利用者の潜在的な要求を推(お)し量(はか)り，変化の必要性を察知して，自ら変わろうとすることもある。地域電子図書館，課題解決型図書館などがその例である。この場合，図書館側の“独りよがり”に陥る危険性が大いにある。歴史に正しく学ぶことにより，その独善性は極力排除できると思う。

設問

(1) 史料 11-1 を現代文に改め，福沢諭吉が伝えたかった要点を整理しなさい。
(2) 佐賀県武雄市図書館の分類について調べ，自分の考えを 900 字程度で述べなさい。

参考文献

1. 岩猿敏生『日本図書館史概説』日外アソシエーツ，2007 年
2. 小川徹［ほか］『公共図書館サービス・運動の歴史』（1・2）日本図書館協会，2006 年
3. 日本図書館協会『近代日本図書館の歩み』（本篇・地方篇），1993 年

注）

1）日本図書館協会は，1980（昭和 55）年，図書館法 30 年を記念して第二次世界大戦後初めての公共図書館史をまとめた。日本図書館協会『図書館白書（1980 年版）戦後公共図書館の歩み』1980 年，pp.1-40。同書では「この白書は初めての戦後公共図書館史としての意義をもつ」としている（p.2）。

2）岩倉使節団に同行。のちに，文部官僚として教育令の制定などに功績があった。1876（明治 9）年，米国で開催されたフィラデルフィア万国博覧会にわが国が招待を受けたとき，当時文部大輔であった田中以下数名が派遣された。帰国後，『米国百年期博覧会教育報告』をまとめたが，そのなかに図書館に関する記述がある（巻末資料 9）。さらに翌年，田中は「公立書籍館ノ設置ヲ要ス」という一文を発表した（巻末資料 10）。これは，わが国においてはじめて公共図書館の理念を明文化したものであり，政策の端緒的意義をもっていたといわれ（永末十四雄『日本公共図書館の形成』日本図書館協会，1984 年，p.24），また，学校と公共図書館の関係を文部省として公式に発表した最初の文献とされている（角家文雄編『日本近代図書館史』学陽書房，1977 年，p.16）。

3）文部省勤務のあと，司法省ついで大蔵省官僚。のちの貴族院勅撰議員。1870（明治 3）年，国費で留学。ハーバード大学卒業後，留学生監督として再び渡米。この間，1877 年，図書館に関する報告をおこなった。松本重威編『男爵目賀田種太郎』1938 年，p.76（復刻：日本外交史人物叢書第 4 巻，ゆまに書房，2002 年）。

4）多田建次『京都集書院　福沢諭吉と京都人脈』玉川大学出版部，1998 年，pp.94-95。

5）文部省『学制百年史　資料編』帝国地方行政学会発行，1972 年，p.700，および，前掲多田，p.4。

6）明治 12 年 9 月 29 日太政官布告第 40 号。第 1 条に「全国ノ教育事務ハ文部卿之ヲ統摂ス故ニ学校幼穉園書籍館等ハ国公私立ノ別ナク皆文部卿ノ監督内ニアルヘシ」と規定した（傍点筆者）。

7）文部省は，1881（明治 14）年より，省内に専門学務局と普通学務局をおくようになった（前掲『学制百年史』資料編，p.390）が，1884 年に事務規定を改正し，専門学務局は「高等図書館」，普通学務局は「普通図書館」の事務を所掌(しょしょう)するものと定めた（前掲永末，p.62）。なお，日露戦争後，政府は青年団の育成など，本格的に社会教育を振興しようとしたが，このころ，社会教育を「通俗教育」と呼んだ。

8）文部省『学制百二十年史』ぎょうせい，1992 年，p.50。

9）1908（明治 41）年，東京市職員（開館したばかりの日比谷図書館勤務）。1914（大正 3）年，同館長。以降，20 年にわたって同職。翌年，東京市立図書館館則及び同処務規程を改正，日比谷図書館を中心とする中央図書館制が敷かれ，市内の 19 館を統括する館頭職がおかれた。小河内芳子「児童図書館の道を示した人　今沢慈海」石井敦編『図書館を育てた人々　日本編 1』日本図書館協会，1983 年，pp.89-96。

10）佐藤政孝『東京の近代図書館史』新風舎，1998 年，pp.76-9。なお，都立日比谷図書館はこうした伝統のある図書館だったが，2009（平成 21）年 7 月，千代田区へ移管され，千代田区立日比谷図書文化館となった。

11）この訓令と若干思想を異にするのが，翌々年に出された文部省の『図書館管理法』（改訂版）である。この書の特徴は，訓令に見られるような民衆教化の意図を廃した点にあるとされる（前掲永末，pp.116-117）。なお，『図書館管理法』は，1892（明治25）年の西村竹間編（金港堂，36p）が最初であるが，これはわが国で初めての図書館に関する単行書といわれる。また，文部省は，1900年に，同書名の『図書館管理法』（金港堂，132p）を刊行したが，叙上のものはこの改訂版である。

12）群馬県出身。山形，大分で中学校英語教師をしたのち，台湾総督府に勤務。県知事武田千代三郎（大学時代の友人）の招きにより，1900（明治28）年，秋田県立秋田図書館長に就任。武田の山口県知事異動に際し，請われて，1903年，山口県立山口図書館長に転出。石井敦「民衆へのサービスに徹した人　佐野友三郎」前掲石井編，pp.39-47。石井は，現代の『市民の図書館』や「中小レポート」にも比肩する思想の持ち主であったことを指摘している（p.40）。山口図書館に転出してからの彼の功績はめざましく，わが国初の児童閲覧室の開設，休日・夜間開館，秋田図書館で始めた巡回図書館，公開書架，郷土資料の収集などがあげられる。石井敦・前川恒雄『図書館の発見　市民の新しい権利』日本放送出版協会，1973年，pp.148-149。

13）佐藤政孝『図書館発達史』みずうみ書房，1986年，p.283。

14）1930（昭和5）年，「社団法人日本図書館協会」設立認可。1945（昭和20）年，戦争の激化にともない財団法人化，「大日本教化報国会」の一部となる。参考文献3本篇，p.700。2014年1月，公益社団法人化。

15）東京本郷生まれ。小学校修了後，丸善書籍部に入社。退社後，1年間米国に遊学（1915年）。帰国後，事務機器会社を経て，1921（大正10）年，大阪移住，翌年，合資会社間宮商店を起こす。同商店は1945年の大阪空襲により全焼した。もり・きよし「外国から図書館を愛した人　間宮不二雄」前掲石井編 pp.131-138。

16）大阪生まれ。1922（大正11）年，間宮商店に入社（1930年まで）。以降，鳥取県立，神戸市立，上海日本近代科学，華中鉄道図書館に勤務。大戦後は，市川市立，帝国図書館を経て1948（昭和23）年から国立国会図書館（1972年まで）。もり・きよし『司書55年の思いで』もり・きよし氏を偲ぶ会，1991年，pp.43-53。

17）デューイの「十進分類法」（DDC）とカッターの「展開分類法」（EC）など。

18）森清「和洋図書共用十進分類表案」『圕研究』青年図書館員聯盟，第1巻第2・3号，1928年。

19）日本の占領統治にあたったGHQ（General Headquaters，連合国軍総司令部）は，SCAP（Supreme Commander for the Allied Powers，連合国軍最高司令官）を幕僚（補佐）する軍隊の司令部である。SCAPの命令は日本のすべての法令に優先するとされた（GHQ覚え書き）。

20）新憲法の制定，戦争犯罪人の処罰，戦争協力者の公職追放，財閥解体，農地解放などのほか，5大改革（秘密警察の廃止，労働組合の奨励，婦人の解放，教育の自由化，経済の民主化）が実施された。

21）GHQは，軍事部門のG1（人事管理），G2（諜報・治安），G3（作戦），G4（補給・兵站）と，民生部門のGS（Government Section，民政局），ESS（Economic and Scientific Section，経済科学局），NRS（National Resources Section，天然資源局），CIE（Civil Information and Education section，民間情報教育局）などの専門部局からなっていた。1952（昭和27）年のサンフランシスコ講和条約発効と同時に廃止。

22）終戦直後の11月，東京内幸町に開設，翌3月，日比谷に移転。1948年までに17の主要都市に開設，最終的に23となった。是枝英子［ほか］『現代の公共図書館・半世紀の歩み』日本図書館協会，1995年，p.27。

23）たとえば，地方公務員法（昭和25年12月13日法律第261号）は，公務員である図書館職員や学校の教員らに団体活動や言論の活動を規制するものと受け取られた。同様に，破壊活動防止法（昭和27年7月21日法律第240号）も戦前の治安維持法を思わせた。前掲是枝［ほか］，p.43や前掲『白書』，pp.12-13に詳しい。

24）図書館の自由に関する調査委員会編『図書館の自由に関する宣言1979改訂』日本図書館協会，1979年。

25）東京日野村の出身。大日本図書館協会総務部長兼指導部長などをへて，1949（昭和24）年より日本図書館協会事務局長。1965（昭和40）年，東京都日野市長選に立候補，当選。前川恒雄編『有山崧』（個人別図書館論選集）日本図書館協会，1990年，pp.222-230。

26）日本図書館協会『市民の図書館』1970年（増補版1976年）。なお，この増補版はわずか10カ月で17刷されており，当時の人々にいかに読まれたかがわかる。

27）前掲『白書』，pp.32-33。手嶋孝典『図書館制度・経営論』（本シリーズ第5巻）学文社，2013年，pp.50-51。

28）文部省：地域電子図書館構想検討協力者会議『2005年の図書館像〜地域電子図書館の実現に向けて〜』2000年，37p。なお，本シリーズではこの冊子の意義を肯定的にとらえたが，たとえば，『談論風発』には峻烈な批判が寄せられているので，別の視点からも見ておくとよい。田井郁久雄「『2005年の図書館像』と『これからの図書館像』」甲南大学文学部図書館学研究室編『談論風発』第1巻第4号，2007年，pp.1-6。

29）精密にいうと，NDCは「仕切り名」というかたちで図書に付与されているが，書架分類には用いていないというのが正しい。なお，2013年5月に放送されたテレビ番組では21分類となっていたがまちがい。

30）「国会法」と同日に施行された「国会図書館法」という法律があったが，「国立国会図書館法」の施行にともない廃止された。国立国会図書館五十年史編集委員会『国立国会図書館五十年史』（本編），1999年，P.4。

12 情報サービス・レファレンスサービスの歴史

本章では，図書館における情報サービスの中核をなす「レファレンスサービス」の歴史について述べる。各種の図書館において，なぜレファレンスサービスが取り組まれるようになったのかについて，図書館が取り組んできた情報サービスの変遷から解き明かしていく。

第1節 公共図書館における情報サービスのはじまりと展開

a. 米国の公共図書館における情報サービスのはじまりと展開

1850年代，マサチューセッツ州ボストン公共図書館（Boston Public Library）を嚆矢とする米国公共図書館制度が成立した。当時，公共図書館は公教育の一翼を担う教育機関と考えらえていた[1]。公共図書館は，「教育機能」を重視する傾向にあったため，「情報提供機能」が組織的なサービスとして確立するまでにはある程度の時間を要した。1857年，ボストン公共図書館理事会の覚書に「質問に答え，研究目的の利用者を助けることは，大公立図書館の運営の一環である。職員のなかにこの業務に多くの時間を費やす人が必要となる」[2]と明記された。図書館が利用者支援のための人的援助に組織全体として取り組む必要性を示したものである。

この時期，多くの公共図書館は，「目録」（資料カタログ）を整備することで，利用者が自力で読みたい資料を探し出すことができると考えていた。同時に，目録を上手に使うことができない利用者に対する援助も，ボストン公共図書館では早い時期から取り組まれていた。図書館による積極的な質問回答サービスが組織的に取り組まれるようになったのは，公共図書館に「参考図書」（レファレンスブック）のコレクションが備えられるようになってからであった。

このような質問回答サービスは，1872年，マサチューセッツ州ウスター公共図書館（Worcester Public Library）のサミュエル・グリーン館長（Samuel Green, 1837-1918, 写真12-1）が『ウスター公共図書館年報』で図書館員の間に提唱したのがはじまりとされる[3]。グリーンは，1871年からウスター公共図書館において現在でいうところのレファレンスサービスに取り組みはじめた。グリーンは，その取り組みを1876年の第1回全米図書館大会で「図書館員と利用者との間の人的関係」（Personal Relations between Librarians and Readers）と題して報告をおこなった[4]。彼はこの報告のなかで，図書館がおこなう人的援助（aid to reader）として，利用者に対する組織的な援助の重要性を述べた。グリーンは，「図書館利用者が必要とする情報資源を選択する知識を持ち合わせていない点と小説ばかり読む趣味傾向を改めさせたい」と考えていた。この報告が，『アメリカ図書館雑誌』（*American*

写真12-1　サミュエル・グリーン

Library Journal）に掲載され，全米の図書館員に広く知られることとなった。

1880年代には，利用者を援助し最良の図書や情報源に近づけるために，人的援助がさらに有用な方法だと考えられるようになった。1880年代半ばにニューヨーク州にあるコロンビア大学（Columbia University）の図書館ではメルヴィル・デューイ（Melvil Dewey,1851-1931）のもとでレファレンス部門を設置し利用者援助に取り組んでいた[5]。この取り組みは，レファレンスワーク（reference work）と呼ばれるようになった。1891年には，このコロンビア大学図書館の実践をふまえた図書館員がレファレンスワークの概念を次のように提示した[6]。

「レファレンスワークとは，図書館員が利用者のために，込み入った目録に慣れるようにし，質問に答える援助のことを意味する。言い換えれば，図書館員が管理する図書館資料を，利用者が使いこなせるよう支援することである。」[7]

その後，米国の大規模な公共図書館ではレファレンスワークのための参考図書室（レファレンスルーム）を設置し，そこに専任のレファレンスライブラリアンを配置するようになった（写真12-2）。やがて分館や小規模公共図書館でも，参考図書室が設置されるようになっていった。

写真12-2　独立した参考図書室を備えたニューヨーク公共図書館96番通り分館全景と1階平面図
出典：New York Public Library, Report of the director for the year ending June 30 1906：the New York Public Library, Astor, Lenox, and Tilden Foundations, New York Public Library, 1906, pp.73-76.

1920年代には，成人教育を重視する公共図書館が読書相談部門を設け，読書相談サービスを開始し，個人の系統的な読書計画の支援を担うこととなり[8]，レファレンスサービス部門は，利用者の望む情報資源の提示，資料の提供を専門的に担当することになった。

ジェームズ・ワイヤー（James I. Wyer, 1869-1955）は，1930年の著書『レファレンスワーク』（*Reference work*）のなかで，レファレンスライブラリアンの仕事について，「研究及び調査の目的で図書館コレクションを解明する時におこなわれる思いやりある知的人的援助である」と指摘した。ワイヤーは，「参考図書の使い方や利用者の主体的な情報探索方法などの補助にとどまるべきだ」とする，従来の教育的理念にもとづくレファレンスサービス（保守理論，最少理論）に対して異議を唱え，利用者の要求に最大限応えるべきであるとの立場（自由理論，最大理論）をとったのである。そして，その後の米国のレファレンスサービスは，利用者の要求に応えることを重視するようになっていく（本シリーズ第4巻第3章も参照されたい）。

1960年代になると情報技術の発展により，情報検索サービスの導入とともに，資料に関する二次的な情報ではなく，情報の提供そのものを重視する傾向が強まった。ミシガン州デトロイト公共図書館（Detroit Public Library）では，「情報の場（TIP, The information place）プログラム」という名称のもとで，図書館員が，社会的に不利益を被っている人々（貧困層や利用上の障がいをもった人々）に対して，コミュニティに関する情報ファイルを入れたキャビネットを用いて案内したり，紹介したりして，直接的に役立つような，さまざまな情報を提供した[9]。

現在の情報サービスは，対象者や方法のちがいで多様化し，さまざまな名称がつけられている。ほかの図書館サービスと融合し，その一部ととらえられるものもある。たとえば，高齢者に対する情報サービスは，高齢者サービスの一部としてとらえられ，ヤングアダルトに対する情報サービスは，ヤングアダルトサービスの一部として理解されている。

1990年代後半以降，インターネットが一般に普及したことで，電子メールやチャットを用いたレファレンスサービス（DRS, Digital Reference Service）の取り組みもおこなわれている。

b. 日本の公共図書館における情報サービスのはじまりと展開

情報サービスを含む日本の図書館諸制度およびサービス方法は，欧米の諸制度を取り入れてきた。日本に，図書館のレファレンスサービスの存在が初めて伝えられたのは，1876（明治9）年，目賀田種太郎（めがたたねたろう）（1853-1926）の「書籍館（しょじゃくかん）ノ事（こと）」と題する文章からであった[10]。彼はハーヴァード大学の図書館について，「特ニ便利ナルモノハ諸疑（しょぎ）ノ質問ニ答（こた）フル方法ナリ」と述べており，「レファレンスサービス」という文言を用いてはいないが，レファレンスサービスと同じ質問回答サービスがあることを紹介している。

大正期には，「参考事務」という名称で東京市立日比谷図書館，京都府立図書館，帝国図書館，大阪市立図書館などで，図書の案内や参考調査といった今日の情報サービスが取り組まれていた（表12-1）。しかし，この時期は，先駆的な取り組みに意欲をもつ少数の図書館員たちによる限定的なサービスにとどまり，組織的な活動や全国に知られる活動にまで発展することはなかった。

第2次世界大戦終結後（昭和後期以降），米国の公共図書館を模範とした日本の公共図書館は，図書館サービスの1つの方法としてレファレンスワークを積極的に取り入れるようになった。1948（昭和23）年には，神戸市立図書館の志智嘉九郎（しちかくろう）（1909-1995）が来館や電話で質問を受けつけるサービスを開始した。この時期におこなわれたレファレンスワークは，質問回答サービスを核としたものであった。しかし1960代以降，貸出サービスが図書館の中心的なサービスと考えられるなかで，レファレンスサービスはその補完的なサービスと見なされることが多かった。

1990年代以降，再びレファレンスサービスに注目が集まるようになる。利用者が図書館を活用して各々（おのおの）の問題解決を図るには，単に利用者任せにするのではなく，利用者自身が必要な資料・

表12-1　大正期の主な図書館による参考事務の取り組み

1915(大正 4)年	東京市立日比谷図書館は図書問答用箋を準備し，問い合わせに回答するサービスを開始
1917(大正 6)年	京都府立図書館は質問応答規定を定め，問い合わせに回答するサービスを開始
1921(大正 10)年	東京市立日比谷図書館において調査係を配置
1924(大正 13)年	帝国図書館において図書に関する相談部門を設置
1926(大正 15)年	大阪市立図書館において図書出納書で読書相談に応じるサービスを開始

表 12-2 昭和・平成期の主な図書館によるレファレンスサービスの取り組み

1948(昭和 23)年	神戸市立図書館に読書相談部が設置され，来館や電話でサービスを開始
1977(昭和 52)年	日野市立図書館が市政図書室開設し，地域・行政資料を提供するレファレンスサービス開始
1996(平成 8)年	岐阜県立図書館が電子メールによるレファレンスサービスを開始
2002(平成 14)年	広島県立図書館がビジネス支援コーナーを開設
2003(平成 15)年	東京都立中央図書館が医療情報サービスを開始
2007(平成 19)年	小山市立中央図書館(栃木県)が，農業支援サービスを開始

情報資源を探索するための支援を，図書館が積極的におこなうことが必要だと考えられるようになったのである。この考えは，100 年以上前，米国で情報サービスがはじまった当初に見られた考え方と同じである。この時期になってようやく，日本の図書館において情報サービスの思想が成熟しはじめたともいえる。

現代では，情報技術を活用した電子メールによるレファレンスサービスやビジネス支援サービス，医療情報サービス，農業支援サービスなどの主題別情報サービスにも取り組んでいる。

第 2 節　企業体図書館における情報サービスのはじまりと展開

a. 米国の企業体図書館における情報サービスの取り組み

米国においては，企業の構成員をサービス対象とする企業体図書館（企業図書館）は，企業の規模が大きくなるにつれて，情報収集を目的とした諸活動を一元化するためにつくられたと考えられている[11]。利用者は，図書館に対して，個人的な調査能力の向上（教育機能）よりも，信頼できる情報の迅速な入手（情報提供機能）を望んでいた。特定の事実を調査し回答するだけではなく，新たな事実（データ）を継続的に把握し提供する情報サービスにも取り組むようになった。

b. 日本の企業体図書館における情報サービスの取り組み

日本で企業体図書館の前身とされるのは，企業の調査部である[12]。明治末期には，三井物産や南満州鉄道（満鉄）などに調査部がおかれていた。とくに満鉄の調査部は，内外の主要新聞のクリッピング（切り抜き）や雑誌記事索引の作成をおこなうとともに，調査活動に資する資料を提供していた。調査部には図書室がおかれ，会社のレファレンスライブラリーとして機能した。

戦後，多くの企業が研究所附設図書館や情報センターを設置し，海外からの新しい科学技術情報の迅速な入手や，新たな顧客を開拓するための国内外のマーケティング情報の提供が求められるようになった[13]。

とくに，コンテンツシートサービス[14]をはじめ，データベースの代行検索の効率的な管理と情報提供などに取り組むようになった。こうした情報サービスを提供する企業体図書館こそ，日本の強力な産業力・工業力を支え，高度経済成長をもたらした裏方のサポーターだったのである。近年，企業内ネットワーク環境の整備にともない，情報入手の方法もまた，企業体図書館からインターネット，イントラネットといったネットワーク環境に移行している。そのため，企業体図書館は，資料・情報の提供にとどまらず，情報の加工や分析をともなう情報要求にも対応する，より能動的な情報サービスに取り組みはじめている。

第3節　議会図書館における情報サービスのはじまりと展開

a. 米国議会図書館における情報サービスの取り組み

米国議会図書館（Library of Congress, LC,「アメリカ議会図書館」と訳されることもある）における情報サービスは，最初は組織的な取り組みではなく，公共図書館の場合と同様に，個人的な援助からはじまった。1820年代のLCでは「事実，日付，法令，公文書，さらには詩の一節さえ」も求める質問に対応していたという記録がある。

米国内の各種議会における情報サービスの取り組みは，州の図書館[15]と州議会の間で先行してはじまった。このような状況を受けて，LCも1906年から立法調査部門を設け，サービスに取り組みはじめた[16]。1920年代になりLCの各専門部署がレファレンスサービスを重視するようになった。LC館長のハーバート・パトナム（Herbert Putnam, 1861-1955）は，特定分野の主題内容に通じた専門家の協力を得て，資料やレファレンス資料の解釈をおこなうことで研究者を支援する「解釈サービス」を実現させ，アメリカ史や美術，航空学などの分野で解釈サービスを担う講座組織がおかれた[17]。

b. 日本の国立国会書館における情報サービスの取り組み

国立国会図書館（National Diet Library, NDL）は，第二次世界大戦後，米国のLCを手本につくられた。NDLは，その名称に「国会」（Diet）とつけられているように，国会での立法活動を支援することが第一の目的とされている。つまり，調査や情報提供をおこなうことで国会運営や国会議員の調査活動を補佐する役割がある[18]。国会での立法活動を支援するために，国立国会図書館法第15条にもとづき「調査及び立法考査局」が設けてられている。「調査及び立法考査局」では，さまざまな資料やデータベースを駆使し，各種調査をおこない，立法のための情報を提供してきた。また，立法と国政審議のための参考資料『レファレンス』[19]『外国の立法』[20]など，戦前の帝国議会会議録の記録に関するデータベース（帝国議会会議録データベース），日本国の立法・法令に関するデータベース（日本法令索引データベース）などの構築を通じて，国家の立法に必要な基礎資料の提供もおこなってきている。このように，NDLは，現在の法治国家・日本国の基となる情報サービスを提供してきたのである。

設　問

(1) 図書館における情報サービスは何を目的としてはじめられたのかについて，900字程度にまとめなさい。

(2) レファレンスサービスが開始されたころと現在の情報サービス（レファレンスサービス）にはどの

ようなちがいがあるのか，900 字程度にまとめなさい。

参考文献

1. サミュエル・ローススティーン著，長沢雅男訳『レファレンスサービスの発達』日本図書館協会，1979 年
2. 長澤雅男『レファレンスサービス：図書館における情報サービス』丸善，1995 年

注）

1）Richard E. Boppa & Linda C. Smith, (edit) *Reference and information service : an introduction*, 4th ed., Libraries Unlimited, c2011, pp.6-8.
2）ウォルター・ホワイトヒル著，川崎良孝訳『ボストン市立図書館 100 年史 ： 栄光，挫折，再生』日本図書館協会，1999，p.57。
3）Free Public library, Twelfth annual report of the directors of the Free Public library, Worcester, MASS, *For the year ending January 1, 1872.* 1872，pp.3-21.
4）諏訪利幸「サミュエル・グリーンの『民衆図書館』：1876 年論文の 28 事例からみえるもの」『情報化社会・メディア研究』放送大学情報化社会研究会編，第 3 巻，2006 年，pp.85-96。
5）サミュエル・ローススティーン著，長沢雅男訳『レファレンスサービスの発達』日本図書館協会，1979 年，pp.60-63。
6）長澤雅男『レファレンスサービス：図書館における情報サービス』丸善，1995 年，p.45。
7）Child B. William, Reference Work at the Columbia College Library, *Library Journal*, vol.16, 1891, p.298.
8）常盤繁「アメリカ公共図書館における教育的サービスの発展」*Library and information service*, No.15, 1977 年，pp.108-111。
9）Clara S. Jones, Reflection on library service to the disadvantaged, American Library Association, 1974,18p. なお，小田光宏「案内・紹介サービスの構造とその発展」『図書館学会年報』vol.30, no.1, 1984 年，pp.1-12も参考になる。また，こうした米国の公共図書館と同様の情報サービス活動は，1970 年代のイギリスでもみられた。
10）金津有希子「戦前におけるレファレンス・ワークの導入」*Library and information service*, no.44，2000 年， p.7。
11）Williamson, the public official and the special library, *Special libraries*, vol.7, 1916, pp.112.
12）村上美代治『満鉄図書館史』私家版，2010 年，pp.5-7。
13）青柳英治『専門図書館の人的資源管理』勉誠出版，2012 年，pp.35-59。
14）コンテンツシートサービスとは，利用者が関心をもつ分野を事前に調査したうえで，該当する雑誌が刊行されるたびに目次を複写し，提供するサービスのことである。
15）米国では，州の図書館といっても，州立図書館が州議会図書館の機能を併せもつ場合と，州議会図書館のみが設置され州立図書館機能を兼ねる場合と，州立図書館と州議会図書館の両方を設置する州が存在している。
16）藤野幸雄『アメリカ議会図書館：世界最大の情報センター』中央公論社，1998 年，pp.67-73。
17）講座は，議会図書館の各部門の担当者とコンサルタントと呼ばれる各部門の専門家から構成された。個人的な関心の範囲で活動をおこなうコンサルタントによる情報サービスは，限定的なものであった。
18）国立国会図書館『国立国会図書館五十年史　本編』国立国会図書館，1999 年，793p。
19）『レファレンス』は，1951 年に創刊された国政の課題や国内外の制度を紹介する月刊論説集である。
20）『外国の立法』は，1962 年に創刊された外国法令の翻訳や立法動向をまとめた雑誌である。

13 ドキュメンテーション，アーカイブ，印刷・写真技術

本章では，ドキュメンテーション（文書管理・検索技術の研究），アーカイブ（公文書管理），そして印刷技術の発展と視聴覚資料・写真技術の歴史について述べる。

第1節　ドキュメンテーションの歴史

a. 文書管理学（ドキュメンテーション）の発展

書誌とは，単純にいえば，文献リストのことである。究極の書誌は世界中すべての文献情報を網羅した書誌であり，これを「世界書誌」という。この「世界書誌」の理想を抱いた最初の人物は，スイスの博物学者コンラート・ゲスナー（Conrad Gesner, 1516-1565）である。彼は，ヨーロッパ各地に残されていた写本の記録をまとめ，1545年にその記録を『万有文庫』（*Bibliotheca universalis*）として刊行した。これが世界最初の「世界書誌」作成の試みである。

他方，ドキュメンテーション（documentation）とは学術情報の流通促進のために，論文情報を管理し検索しやすくするための取り組みである。通常，一冊の学術雑誌のなかには複数の論文が収録されているので，ドキュメンテーションの目標は，単行書や雑誌という物理単位ではなく，記事や論文という内容単位での情報を直接検索できる体制を整備することだった。最初にドキュメンテーションに取り組んだのは2人のベルギーの法律家，ポール・オトレ（Paul Otlet, 1868-1944）とアンリ・ラ・フォンテーヌ（Henri-Marie La Fontaine, 1854-1943）[1)]である。オトレは法律事務所に勤めていたが，図書の形式ではさまざまな法律文献が混在しているため目的の文献・記事が検索しづらいことを痛感し，膨大な法律文献の検索の効率化を模索していた。彼は法律文献の書誌と抄録の作成を独自におこなっていたラ・フォンテーヌと出会い，法学だけでなく，「あらゆる分野，すべての時代，あらゆる言語」の論文を網羅的に検索する仕組みをつくるために，1895年，国際書誌協会（IIB, Institut International de Bibliographie）を設立する。彼らは英国，ドイツ，フランスの国立図書館の蔵書目録から書誌を1点1点切り抜き，毎年1万タイトル以上も増え続ける学術雑誌の論文情報を網羅的に収集し，3×5インチのカードに記録した（このカードはコンピュータによる雑誌記事索引の検索が実現するまで使用された）。また，デューイ十進分類法を応用・拡張して，『国際十進分類法』（UDC, *Universal Decimal Classification*）を考案した。オトレとラ・フォンテーヌの「世界書誌」の活動は，第一次世界大戦によって一時中断されるが，終戦後の1931年に発足した国際ドキュメンテーション協会（IID, Institut International de Documentation），さらに1938年に発足した国際ドキュメンテーション連盟（FID, Fédération Internationale dé Documentation）の参画者に彼らの活動が引き継がれ，その後の「情報科学」（information science）[2)]の源流となっていく。

b. 情報検索の展開

1946年には米国で最初のコンピュータが発明され，1950年代には「データベース」という言葉が使われるようになった。1960年代には米国でバッチ検索（夜間などにまとまった量の検索を一度におこなう方式）のシステムが開発され，検索代行業者がデータベースを検索して情報提供するサービスが始まった。1970年代にはオンライン商用データベースが登場した。1980年代にはCD-ROMによるオフラインデータベースが登場した。1990年代にはインターネットを通じたデータベース検索が個人のレベルでもおこなえるようになり，2000年代にはモバイル端末からデジタルコンテンツを検索・入手することができるようになっている（このような情報検索環境の進展を受けて、前述のFIDは2002年に解散した[3]）。

第2節　アーカイブの歴史

a. アーカイブとは

「アーカイブ」という言葉は，ギリシア語で執政官（統治者）のいる場所を意味するアルケイオン（archeion）に由来する[4]。それがやがて，個人または組織が，活動のなかで作成または収受した記録のうち，なんらかの利用価値をもつがゆえに永続的に保存される記録情報と，それを取り扱う施設を意味する言葉へと変化した。この施設を英語ではarchives（アーカイブズ）と呼んでいる。日本では「文書館」「公文書館」「史料館」などとさまざまに表記され，また「文書館」は，「もんじょかん」と「ぶんしょかん」の2つの呼び方が使われている。

なお，アーカイブで取り扱う記録の収集は，行政機関が作成した公文書などの記録を受け入れるかたちで引き継いだものや，古文書や私文書に見られるように個人や民間組織（企業も含む）から寄贈や寄託というかたちで受け入れる方法が一般的であり，この点が購入による資料収集を主とする図書館とは異なる。作成者（機関）以外から収集したものをコレクティングアーカイブズ（collecting archives）と呼んでいる。

b. 世界のアーカイブの起源と展開

アーカイブの歴史は，紀元前3000年のメソポタミアにおいて，楔形文字で会計や財産を記し，保存した粘土板までさかのぼることができるという。現在からみれば，この粘土板を収集した収蔵庫は，図書館ともアーカイブとも見ることができる。その後，中世の修道院，近世の王室などでは、記録を作成・保存する行為を続けてきたが18世紀末まで部外者に利用させることは稀であった。

現代にまでつながるアーカイブ制度は，1789年のフランス革命を経て成立したフランス国民会議が，記録の収集と国民に公開するためにフランス国立公文書館を設置したことに始まる[5]。

これ以降，アーカイブの制度は，まず，フランスで整備されていった。1841年，フランスでは国立公文書館が県および市町村文書館の整理を一括しておこなうのではなく，各行政部門の組織ごとに分けておこなう「フォーンの尊重」（Respect des Fond）を導入した。フォーンとは記録の出所ごとに1つのまとまりでとらえたものである。フォーンの尊重は記録の出所となる組織ごとのまとまりを尊重して，組織ごとに整理することである。その後の1881年，プロイセン国立公文書館館長ハインリッヒ・フォン・ジーベル（Heinrich von Sybel，1817～1895）がフォーンの尊重を「出所原則」（Provinienzprinzip）という呼び名でとらえ，アーカイブを作成した組織が管理していたままに扱う「原秩序尊重の原則」（Registraturprinzip）を採用した。1898年，オランダのミューラー，フェイト，フランらは，「出所原則」や「原秩序尊重の原則」を内容とする通称「ダッチ・マニュアル」と呼ばれる，アーカイブ学の手引書を刊行した[6)]。同マニュアルの普及は，図書館のような主題別整理法からアーカイブ独自の整理法への転換を促した。

c. 日本におけるアーカイブの展開

写真 13-1　国立公文書館

欧米のようなアーカイブが整備されなかった明治から昭和初期までの日本では，図書館が郷土資料という名のコレクティングアーカイブをおこない，その役割を担っていた。明治政府は江戸幕府の古書のコレクティングアーカイブをおこない，内閣文庫として国家建設に活用した[7)]。

日本で利用を前提とするアーカイブが整備されたのは，第二次世界大戦終結後からである。戦後，農地改革や華族制度の廃止などに伴って，地主や旧藩主などが所有していたアーカイブを古書店や古紙業者に売却し散逸する状況がみられた。それを回避するため文部省史料館（現国文学研究資料館）が設置され，コレクティングアーカイブをおこない危機に瀕するアーカイブを救った。

1951（昭和26）年，山口県では旧藩主のアーカイブである毛利家文庫を山口図書館が受け入れたことをきっかけに，米国の文献に学びつつ，文書館の整備が検討された。その結果，1959（昭和34）年4月，日本で初めての公文書館として山口県文書館が図書館から分離するかたちで開館した。1960年代，京都府立総合資料館（1963年），東京都公文書館（1968年），埼玉県立文書館（1969年）などの都府県で文書館の設置が進められていった。また，国でも1959年11月，日本学術会議から「公文書散逸防止について」[8)]という勧告が出され，諸外国の文書館制度[9)]を調査検討したうえで，1971（昭和46）年7月に国立公文書館が設置された（写真13-1）。1980年代になると，公的なアーカイブ全般の保存の重要性が歴史家の間で認識されるようになり，法律制定が求められた。その結果，1987（昭和62）年「公文書館法」が公布された。

1990年以降整備されたアーカイブ施設は，和歌山県立文書館（1993年），秋田県公文書館（1993年），福井県文書館（2003年）など，類縁機関である図書館との複合施設になっているところも多くなってきた。現在では，収蔵資料の電子化も進み，「国立公文書館デジタルアーカイブ」（http://www.digital.archives.go.jp/'13. 10. 21現在参照可）などとしてネットワークを介したサービスが展開されている。2009（平成21）年には，公的アーカイブの充実をめざし，公文書管理の適正化や一般利用の促進を目的とした公文書管理法が公布されている。

第3節　印刷技術の発展と視聴覚資料・写真技術の歴史

a. 印刷技術の発展

グーテンベルクによって集大成された活版印刷術（第4章第2節参照）は，時代とともに発展を遂げていく。米国のルーベル（Ira Washington Rubel, 1881-1908）は，1903年に平版オフセット（転写）印刷を発明した。オフセット印刷とは，原版の内容をいったんゴムブランケットなどに転写（offset）し，それをもとに紙などに印刷する技術である。また1950年ころから写真技術を用いた写真植字（写植）が実用化される。これにより，版組の作成作業（植字）は次第に機械化されていった。1970年代にはコンピュータで写植をおこなう電算写植（または植字）システム（Computerized Type-setting System, CTS）が発明され，1990年代にはデスクトップパブリッシング（Desk Top Publishing, DTP）という，原稿の作成から編集，レイアウトなど印刷にいたるまでの作業がすべて机上のパソコンで処理できる技術が生まれた。現代ではさらに，注文を受けてからコンピュータ内にある原稿データを印刷・製本して発送する，オンデマンド出版も可能となった。

このような印刷技術の発達によって，印刷速度がより向上し，安価で大量の印刷が可能となった[10)]。これらの印刷物には，文字のみの図書だけではなく絵本やマンガ，写真集などの図書も含まれる。さらに雑誌や新聞[11)]などの逐次刊行物，パンフレットや地図，楽譜などの資料もまた，多様な印刷物の一種である。

b. 視聴覚資料の発展

①録音資料：録音技術が発明されたのは1877年のことである。エジソン（Thomas Alva Edison, 1847-1931）がフォノグラフ（phonograph）という蝋管（ろうかん）式蓄音機を発明した。これは，音が発されるときに生じる振動を，錫箔を巻いた円筒に記録する録音再生機であった。1887年にはベルリナー（Emil Berliner, 1851-1929）が，音の波形を針の機械的振動に変換し，それを円盤に細い溝を刻むことで記録する方法を考案した（グラモフォン，gramophone）。これがレコード（record，写真13-2上）の原型である。立体である円筒から平面の円盤へと記録媒体が変化したことによって，録音や再生が容易になり，またプレス印刷が可能となった。このため，録音再生機は次第に一般家庭へと普及するようになった。

写真 13-2　レコード（上）
カセットテープ（下）

こうして個人が音源を楽しめるようになった1970年代ころに普及したのが，カセットテープ（cassette tape，写真13-2下）である。音の波形を電流に変え，磁気テープの磁気を変化させて記録する仕組みである。個人での録音や編集の操作が手軽であったことから，カセットテープは全世界に広まった。

1982（昭和57）年に音の波形をデジタル化して記録するCD（コンパクトディスク）が販売され，レコードやカセットテープは次第にCDにとって代わられることとなる。現在ではさらに進んで，音源データを，インターネットを通じてダウンロードし，携帯用再生装置などで利用されることも多くなった[12]。

②写真資料：現代の写真の基礎となったのは，1837年にダゲール（Louis Jacques Mande Daguerre, 1787-1851）が完成させた，ダゲレオタイプ（銀板写真）と呼ばれる写真法である。この写真法は，銅板の表面に銀メッキを施したものを感光材料として撮影をおこなう。水銀蒸気をあてると，光のあたった部分に水銀が凝結して写真ができる。当時の写真機は，シャッターを数十分も開放しなければ撮影できなかった（シャッター開放時間を露出または露光時間という）。

その後，物理学者や画家，写真家などさまざまな職業の人々が写真機の改良を重ね，色鮮（あざ）やかな写真が撮影できたり，露出時間が大幅に短縮されたりした。1990年にデジタルカメラの発売が開始され，写真も徐々にデジタル化されていった。

また，写真技術の1つに，1920年代末から実用化されたマイクロ写真がある。本のページ，地図や写真などの平面資料に記録されている情報を，写真技術によってマイクロフィルム（microfilm）に縮小して複写したものである。マイクロフィルムは大変小さく肉眼では読めないため，専用の光学的拡大装置（マイクロフィルムリーダー，microfilm reader）を用いる。高品質で保存スペースをあまりとらないことから，図書館での人気が高い。

③映像資料：エジソンは，また1889年に，フィルムを小さな窓からのぞきこむことで動画を見ることができるキネトスコープ（Kinetoscope）を発明した。これが映画の原型である。また1895年には，リュミエール兄弟（兄Auguste Marie Louis Lumière, 1862-1954, 弟Louis Jean Lumière, 1864-1948）がシネマトグラフ（cinématographe, 連続写真装置）を公開した。

木製の箱を一人ずつのぞきこむキネトスコープに対して，シネマトグラフはスクリーンに映像を投影するものであったため，これが映画の始まりであるといわれている。当初は映像と音声を同時に記録することはできず，映像もモノクロであった。多くの技術改良によって，20世紀初めには音声が同期し，かつ映像に色のついた映画が完成する。

映画やテレビが人々の生活に浸透した1980年ごろには，記録媒体としてビデオテープ（写真13-3）が普及しはじめる。ビデオテープ（Video Tape）は，電磁的に映像と音声を同時に記録する磁気テープであり，専用の録画再生機（Video Tape Recorder, VTR）で再生できる。何度も録画できるビデオテープの普及により，映画やテレビ番組をより手軽に，より個人的に楽しむことが可能になった。現在はDVD（Digital Versatile Disc）やブルーレイ（Blu-ray Disc, BD）といったデジタルの記録媒体に，そのシェアを奪われている。

写真13-3　ビデオテープ

設問

(1)　ドキュメンテーションの意義と歴史について900字程度でまとめなさい。
(2)　図書館とアーカイブの類似点と相違点を900字程度にまとめなさい。

参考文献

1. 小川千代子，高橋実，大西愛編著『アーカイブ事典』大阪大学出版会，2003年
2. 有山輝雄，竹山昭子『メディア史を学ぶ人のために』世界思想社，2004年

注）

1）ラ・フォンテーヌは，国際弁護士として，ブリュッセル自由大学の国際法の教授からベルギー上院議員となり，国際連盟のベルギー代表として総会にも出席した。1913年にはノーベル平和賞を受賞している。

2）「情報」がつく学問は，ドキュメンテーション活動から発展した情報科学（information science）が最初である。その後，コンピュータ科学（computer science）が情報科学と呼ばれ，現在では両者の境界線も不明確である。ドキュメンテーションは，もともと図書館学の分野の人々とは関係のない法律家や科学技術の専門家たちによる文献情報の管理作業であったが，図書館と深いかかわりがある活動として認識されることとなり，コンピュータの導入にともなって両者の活動が融合していくことになる。図書館学は図書館情報学（library and information science）と呼ばれるようになり，従来の図書館学に，ドキュメンテーション（後の情報科学）を併せもった学問分野となって今日にいたっている。

3）なお、UDCの維持管理は1992年からUDCコンソーシアムが引き継いでいる。UDC Consortium ホームページ, UDC History, ©2013（http://www.udcc.org/index.php/site/page?view=about_history, '13.10.1現在参照可）。

4）M・B・ベルティーニ著，湯上良訳『アーカイブとは何か』法政大学出版局，2012年，pp.15-20。

5）ジャン・ファヴィエ著，永尾信之訳『文書館』白水社，1971年。

6）Muller, S. et al. Leavitt, H. A. Transl, *Manual for the Arrangement and Description of Archives*, The H. W. Wilson Company，1940.

7）内閣文庫は，江戸幕府の古書・文書のほかに明治期に政府の収集した法令集なども含んでいた。現在，同文庫は国立公文書館に引き継がれている。

8）全国歴史資料保存利用機関連絡協議会編『日本の文書館運動：全史料協の20年』岩田書院，1996年，pp.242-243。

9）内閣総理大臣官房総務課『公文書と公文書館』（公文書保存制度等調査連絡会議資料，第1号）1964年など25種類の調査報告書が出された。

10）印刷技術のほかにも，本の綴じ方などの製本技術の発展も，印刷・出版の普及の要因の1つである。身近な綴じ方の多くは洋式の製本技術（洋装）であるが，日本で発展を遂げた和綴じなど多様な綴じ方がある。

11）日本においては，江戸幕府が刊行した海外のニュースを翻訳した新聞や外国人が経営した邦字新聞などが新聞の始まりである。これらは不定期もしくは3，4日ごとの発行であり，冊子の形状をしていた。1870（明治3）年に日本初の日本語の日刊新聞が，横浜活版社（舎）より創刊された。この『横浜毎日新聞』は，神奈川県横浜市にある日本新聞博物館NEWSPARKや横浜開港資料館で閲覧することができる。

12）今ではあまり使われなくなったものを集めた，ウェブ上の博物館「Museum of Obsolete Objects」（http://www.youtube.com/mooojvm　'13.10.1現在参照可）には，レコードやテープも〝所蔵〟されており，動画で閲覧することができる。

14 計算機の歴史・コンピュータ技術の発展・インターネットの歩み

コンピュータ技術の発展，普及によって，本や図書館のあり方にも変化のきざしが見えてきている。本章では，現在のコンピュータ，すなわち電子計算機の前史を含めた計算機の歴史と，パーソナルコンピュータにいたるコンピュータ技術の発展，およびインターネットの誕生から現在の状況までを概観する。

第1節 計算機の歴史

a. 計算器具

動物の骨や角につけられた刻みから，数万年前にはすでに数がかぞえられていたと推測されている。数千年前のメソポタミアでは，砂の上にひいた線に小石を並べて計算する「砂そろばん」を用いていたと考えられている。

写真 14-1 アンティキティラ島の機械
出典：NATIONAL ARCHAEOLOGICAL MUSEUM, Greek ホームページ http://www.namuseum.gr/collections/bronze/ellinistiki/ellinistiki 06-en.html （'13.11.20 現在参照可）

古代から中世にかけては，天体の位置を計算するための精巧な道具が発達した。20 世紀初頭に発見された「アンティキティラ島の機械」（写真 14-1）は，紀元前 2〜1 世紀に古代ギリシアでつくられたと考えられている。

b. 機械式計算機

機械式の自動計算機は，ドイツのシッカート（Wilhelm Schickard, 1592-1635）が 1623 年に作成したものが最初と考えられている。シッカートの計算機は，乗算をおこなう上段と，加減算をおこなう中段，数字を一時的に記録しておく下段（メモリ）という 3 段構成であった。ケプラーの法則で有名な天文学者のケプラー（Johannes Kepler, 1571-1630）は，この計算機を使っていたといわれている。

フランスのパスカル（Blaise Pascal, 1623-1662）は，18 歳のとき，税務官吏であった父親の計算を助けるため，加算専用の歯車式計算機（パスカリーヌ，Pascaline）を作成した（1642 年）。また，ドイツのライプニッツ（Gottfried Wilhelm Von Leibniz, 1646-1716）は，パスカリーヌを参考に加減乗除すべての計算が可能な計算機を 1673 年ごろに作成した。

写真 14-2 バベッジが試作した解析機関の一部
出典：Science Museum, London ホームページ http://www.sciencemuseum.org.uk/images/I 030/10297676.aspx （'13.11.20 現在参照可）

c. 階差機関と解析機関

19 世紀に入ると，対数表や三角関数表など，計算を簡略化するためにさまざまな数表が作成されるようになっていたが，人間が作成していたためまちがいが多かった。そこでイギリスのチャールズ・バベッジ（Charles Babbage, 1791-1871）は，1822年，途中で人間のミスが入り込むことのない，計算から印刷までを自動的におこなう数表作成用の計算機を構想した。これは数列の隣り合う項の差（階差）を利用するものであったことから，階差機関（difference engine）と呼ばれた。翌年，助成金（英国政府研究助成第1号とされる）も決まり，開発がスタートした。しかし，その後長年月をかけても成果はあがらず，1842年，ついに計画は放棄された。

それでもバベッジは，さらに汎用性のある計算機として解析機関（analytical engine, 写真14-2）を構想し，その開発，設計にその後の生涯を捧げた。解析機関は，実際には製作されることはなかったが，プログラムの仕組みをもつなど，近代のコンピュータの構成とよく似た画期的なものであったことがわかっている。詩人バイロン（George Gordon Byron, 1788-1824）の娘エイダ（Augusta Ada Byron, 1815-1852）は，バベッジとその解析機関のよき理解者であったとされており，世界初の女性プログラマーと称えられることがある。

d. 電子計算機

世界初の電子計算機は何かという問題では，電子計算機の定義の仕方によって諸説が生じる。電子式デジタルコンピュータとすれば，米国アイオワ州立大学のアタナソフ（John V. Atanasoff, 1903-1995）とベリー（Clifford E. Berry, 1918-1963）が1942年につくったABCマシン（Atanasoff-Berry Computer）である（裁判で決着した）。ABCマシンは机よりやや大きめで，真空管を使って電子的に2進数の計算をおこなうことができた。ただし，これは連立方程式を解くための専用計算機であった。

写真14-3　ENIAC
出典：University of Pennsylvania Library, "PENN LIBRARY/exhibitions" http://www.library.upenn.edu/exhibits/rbm/mauchly/jwm 0-1.html（'13.11.20 現在参照可）

最初に実用になった電子式の汎用計算機は，ペンシルベニア大学のモークリ（John William Mauchly, 1907-1980）とエッカート（John Presper Eckert, 1919-1995）の指揮の下に製作されたENIAC（エニアック，Electronic Numerical Integrator And Computer, 写真14-3）とされる。時あたかも第二次世界大戦の最中で，この時期，大勢の計算手（本来はこうした計算する人のことをcomputerと呼んでいた）によって大砲の弾道表がつくられていた。弾道計算は非常に時間がかかるため，より速く正確な弾道表を作成するために新たな計算機が求められたのである。ENIACは大戦後の1946年に完成したが，1万8000本の真空管を使用した総重量30トンの巨大なものとなった。

ENIACは，プログラムを配線の切り替えでおこなうものであったため，後継機としてプログラム内蔵方式を取り入れたEDVACが計画され，ほどなく製作された。プログラム内蔵方式とは，プログラムをデータと同様にメモリ上におく方式で，現在のコンピュータのほとんどに採用されているものである。プログラム内蔵方式こそが世界初の電子計算機とする説もある。

e. 素子の発展

電子計算機の歴史は素子の発展とともに語られることが多い。第1世代の真空管，第2世代のトランジスタ，第 3 世代の集積回路（IC, Integrated Circuit），第 3.5 世代の大規模集積回路（LSI, Large Scale IC），第 4 世代の超大規模集積回路（VLSI, Very Large Scale IC）というとらえ方である。また，素子の性能の向上は非常に早く，トランジスタの集積度は数年で 2 倍になる，といういわゆるムーアの法則（Moore's Law）がよく知られている。

第 2 節　コンピュータ技術の発展

a. AI と IA

知性をもつ機械，つまり人工知能（AI, Artificial Intelligence）というテーマは，コンピュータと深くかかわるテーマである。たとえば，1936 年，のちのコンピュータを先取りする数学的モデルを提示したイギリスのチューリング（Alan M. Turing, 1912-1954）は，1950 年ごろ，「機械は考えることができるか」というテーマを追究したことでも有名である[1]。

一方，AI ではなく IA，つまり人間の知能増幅（IA, Intelligence Amplification）のための道具としてコンピュータをとらえる方向性もあり，こちらのほうが図書・図書館史とはかかわりが深い。IA の源流は，ヴァネヴァー・ブッシュ（Vannevar Bush, 1890-1974）が 1945 年の論文「われわれが思考するごとく」（As We May Think）[2]のなかで構想したメメックス（Memex）という装置にあるといわれている[3]。メメックスは，本や写真，メモなどを蓄積し，それらを柔軟に検索，表示できるようにした机型の未来の装置である。マイクロフィルムや光電管，乾式写真といった技術は今では古く感じるが，記録物は表示されるだけでなくコメントも書き込めるという想定である。さらに注目されるのは，連想という人間の脳を手本とした発想であり，これは個々の記録間の自由な連結（彼はこれを trail といった。現代の link に相当する）として具体化されている（巻末資料 17）。

ブッシュの当時の問題意識は，知識の量が膨大にふくれあがる一方で，人間がそれを活用する能力が追いついていないということにあった。そこで人間の情報処理能力を増強する機械として，メメックスが構想されたのである。ブッシュのこうした発想は，パーソナルコンピュータやインターネットの出現に大きな影響を与えることになった。

b. マンマシンインタフェースの発展

リックライダー（J. C. R.Licklider, 1915-1990）は，IA という発想をある意味で飛び越えて，「ヒトとコンピュータの共生」[4]（1960 年）という考え方を示した。人間とコンピュータが共生するには，人間と機械とのやりとりを仲介するマンマシンインタフェース（man machine interface）が重要となる。そこで開発された技術の 1 つが，リアルタイムに人間とコンピュータが対話し，処理を遂行するためのタイムシェアリング（time-sharing）技術である。また彼は『未来の図書館』[5]（1965 年）の構想も示しており，ネットワークに接続された，初心者にも使いやすい簡単なインタフェースをもつコンピュータの必要性を訴えた。

また，エンゲルバート（Douglas C. Engelbart, 1925-）は，ブッシュの論文に刺激を受け，今日では当り前となっているマウスやマルチウィンドウシステムを実装したNLS（oN Line System）というシステムの設計，開発を主導し，1968年に実演というかたちで成果を発表した。これはコンピュータを直感的に操作することのできるグラフィカルユーザインタフェース（GUI, graphical user interface）[6]の発展の基礎となる革新的なものであった。

c. パーソナルコンピュータの誕生

アラン・ケイ（Alan C. Kay, 1940-）は，1972年に発表した「あらゆる年齢の『子供たち』のためのパーソナルコンピュータ」[7]のなかで，個人用のコンピュータ，すなわちパーソナルコンピュータの理想型として，ダイナブック（Dynabook, 図14-1）という構想を示した。ダイナブック（動的な本）という名称には，本のようにスタティック（静的）ではなく，こちらの働きかけに応答するダイナミック（動的）なメディアという考えが反映されている。ダイナブックは，文字も映像も音声も扱うことができ，ネットワークにも接続可能な，持ち運びできるコンピュータである。また，ユーザが自由な発想でプログラミングできる，単純かつ柔軟な言語を搭載するものとしても考えられている。ケイは，子どもの想像力に力を与える「ファンタジー増幅装置」としてのコンピュータを追求したのである。

ダイナブックは，1973年，当時の技術による暫定版というかたちで試作され，パーソナルコンピュータの原型として，のちのアップル社のマッキントッシュ（1984年）や，マイクロソフト社のウィンドウズにいたる潮流をつくった。今やタッチパネルを採用したタブレットPCが出現し，少なくとも形のうえでは，以前にもましてケイが理想としたダイナブックに近づいたといえるだろう。

図14-1　Dynabookを使う子どもたち　ケイの論文に掲載されたスケッチ
出典：http://www.mprove.de/diplom/gui/kay 72.html（'13.11.20現在参照可）

第3節　インターネットの誕生

a. ARPAとARPANET

今日のインターネットの起源は，米国国防総省の軍事研究を推進する組織である高度研究計画局（Advanced Research Projects Agency, 通称ARPA）[8]の主導によって構築されたARPANET（アーパネット）と呼ばれるコンピュータネットワークにある。

1962年，前述のリックライダーは，ARPAに新設された情報処理技術部門の初代責任者に就任した。彼はタイムシェアリング技術を用いたコンピュータの共同利用という考えをもっており，それがARPAにおけるネットワーク構想の原点となった[9]。リックライダーの構想はARPAのなかで受け継がれ，1966年に責任者となったロバート・テイラー（Robert Taylor, 1932-）によってさらに推進されることになった。彼は，各地に分散した研究コミュニティを接続する必要性を感じていた[10]。そこで正式な許可と予算を得て，技術的な担当者としてラリー・ロバーツ（Lawrence G. Roberts, 1937-）を招集した。このロバーツにより1967年に発表された新しい分散型ネットワークの構想がARPANETであった。

1969年，UCLA，スタンフォード研究所，カルフォルニア大学サンタバーバラ校（UCSB），ユタ大学が実際に接続され，ARPANETは現実のものとなった。

b. 分散型ネットワークという発想

ARPANET，そしてのちのインターネットの最大の特徴は，それが分散型ネットワークであるという点にある（図14-2）。これは米国とソ連が対立した冷戦という当時の世界状況と密接な関係にある。中心となる1台のコンピュータにほかのコンピュータをつなげる中央集中型のネットワークでは，核攻撃などで中央施設が破壊されるとネットワーク全体が麻痺してしまう。そこでランド研究所のポール・バラン（Paul Baran, 1926-2011）が1962年に提案したのが，ネットワーク全体を管理するような中央機構のない，分散型のネットワークだった[11)]。

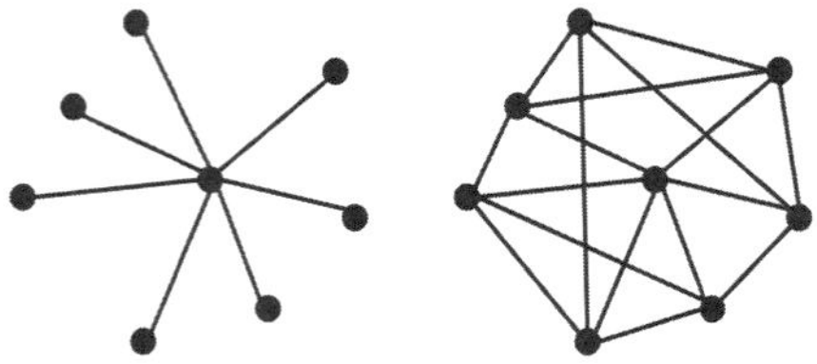

図14-2　中央集中型ネットワーク（左）と分散型ネットワーク（右）

バランの考案したネットワークでは，データは小分けにされて送受信される。この小分けされたデータはパケット（小包）と呼ばれるが，これは、ほぼ同時期に同様の仕組みを考案した英国のデイヴィス（Donald Watts Davies, 1926-2011）が名づけたといわれる。

c. TCP/IPの採用

ARPANETは、誕生後瞬く間に拡大し，1973年には数十の組織を結ぶようになった。また，ARPANET以外のネットワークもARPANETに接続されるようになっていった。こうした過程でますます重要になったのが，コンピュータをネットワーク化するために必要な共通の手順，すなわち通信プロトコル（通信規約）であった。1983年，ARPANETの標準としてTCP/IPが採用された。TCP/IPは，コンピュータ間の相互接続やデータの転送を確かなものとするTCP（Transmission Control Protocol）とネットワーク上のアドレス指定や通信経路の選定方法を規定するIP（Internet Protocol）という2つのプロトコルからなる。

技術的にいえば，インターネットとは，通信プロトコルとしてTCP/IP（あるいはIP）が採用されたネットワークのことである。したがって，インターネットの誕生は，正しくはこのころとすべきかもしれない。インターネットという名称も，本来は，ネットワークとネットワークをつなぐもの，あるいはネットワークのネットワークという意味である。

d. 日本におけるインターネット

日本のインターネットの起源は，1984年に，当時東京工業大学の助手であった村井純（1955-）が東京工業大，東京大，慶應義塾大の3大学を非公式に電話回線で結んだJUNET（Japan University NETwork，日本大学間ネットワーク）にある。翌年にはNTTも発足し，JUNETは日本の大学や学術機関を結ぶネットワークとして一気に拡大していった。1988年には産学共同のプロジェクトとしてWIDE（Widely Integrated Distributed Environment，広域分散環境）も始まり，各国と結ばれたTCP/IPベースのネットワークとして発展していった。

第4節　インターネットの発展

a. インターネット利用の多様化

ARPANETの当初の目的は，研究資産の共有であった。ほどなくして，その利用方法は多様化していった。遠隔でコンピュータを操作するためのTELNET（1972年）やファイル転送のためのFTP（File Transfer Protocol）（1973年）といったプロトコルの確立のみならず，電子メール（e-mail）や，同一メッセージを複数宛に同時に送信するメーリングリストなどの利用もおこなわれ，個人的な使われ方も次第に多くなっていった。

それにともない，インターネットの主要幹線（バックボーン）はARPANETから全米科学財団（NSF, National Science Foundation）のNSFNETへ，NSFNETから民間部門へと移行していくことになる。民間部門でインターネットの利用が一般化するのは1990年代にWWW（World Wide Web）が登場してからである。

b. ハイパーテキストシステムの起源

WWWはインターネット上のハイパーテキストシステムであるが，その起源は，ブッシュのメメックスにおける文書の自由な連結という発想にまでさかのぼることができる。1965年，テッド・ネルソン（Theodor Holm Nelson, 1937-）は，これをハイパーテキスト（hypertext，図14-3）という概念ではじめて明確に示した[12]。ハイパーテキストとは，文書（text）を超える（hyper）という意味であり，紙の本では実現できない，非連続的な自由な文章記述が可能であることを含意する。ハイパーテキストの根幹は，文書間を結びつけるリンク（link）である。

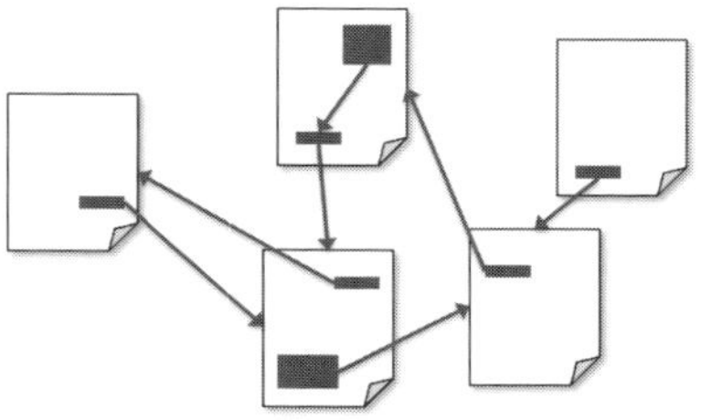
図14-3　ハイパーテキストのイメージ

ネルソンは，ネットワーク上にハイパーテキストシステムを構築する計画をたて，1960年代半ばにはそれをザナドゥ計画（Project Xanadu）[13]と呼ぶようになった。これは図書館の蔵書や映画なども含む世界中の情報資源をネットワーク化するもので，著作権管理まで想定された新しい出版システムともいえるが，いまだ完全なものはつくられていない。ネットワーク上のハイパーテキストシステムとして先に実現したのはWWWだった。

c. WWWの誕生と発展

1989年，スイスのCERN（欧州原子核研究機構）に勤務していたティム・バーナーズ・リー（Timothy John Berners-Lee, 1955-）は，ハイパーテキストベースの新しい情報管理システムの提案をおこなった。当初はよい反応はほとんど得られなかったというが，翌年には基本的な仕組みを構築し，翌々年にはインターネット上で利用可能なサービスとして公開した。World Wide Web（WWW）の誕生である[14]。

WWW の普及に大きく貢献したのは，無償公開されたウェブブラウザ（閲覧ソフト）である。とくに，当時イリノイ大学の学生であったマーク・アンドリーセン（Marc Andreessen，1971-）らによって 1993 年に開発された Mosaic（モザイク）は，一般のユーザが使いやすいよう工夫されたものであった。現在，WWW 上の文書は世界中にリンクが張り巡らされており，文字どおり地球規模（World Wide）のクモの巣（Web）のようになっている。

d. インターネットの大衆化

1990 年代に入ると，インターネットは急速に大衆化していった。その要因の 1 つに WWW の誕生と発展があることはまちがいない。また同時期に，NSFNET から民間部門への移行が積極的にすすめられたことも大きな要因である。企業や一般家庭にインターネット接続を提供する商用のインターネットサービスプロバイダー（ISP, Internet Service Provider）が多数発足し，インターネットの中心はビジネスや個人のユーザへと移っていった[15]。

さらに，パーソナルコンピュータの普及がインターネットの大衆化を加速させた。あるいは，インターネットの魅力がパーソナルコンピュータの大きな需要を生みだしたというべきかもしれない。1995 年に発売されたマイクロソフト社の Windows 95 は，インターネット利用の容易さから世界的に大ヒットした。Yahoo!（ヤフー）（1995 年設立）や Google（グーグル）（1998 年設立）といった現在の世界的なインターネット企業の設立はこのころである。

一方，インターネットの大衆化は，さまざまな問題を生みだしてきた。ウェブ上の多くの情報は，従来の書籍とは対照的に，断片的で，信憑性に問題がある。また，気軽な情報発信は人権侵害や著作権侵害の危険と隣り合わせである。さらに，情報技術を使いこなせる者とそうでない者との間に生まれる格差（デジタルディバイド，digital divide）の問題も指摘されている。現在はすでに「超」大衆化（本シリーズ第 1 巻『図書館の基礎と展望』第 15 章参照）の時代といえるが，こうした問題にいかに向き合うかという課題は依然として残されている。

設　問

(1) 本章で登場する年号を利用して，計算機とコンピュータ技術の発展史およびインターネットの歩みを年表にしてみよう。
(2) 本章で登場する人物について，図書館やウェブで詳しく調べ，900 字程度で述べなさい。

参考文献

1. 大駒誠一『コンピュータ開発史：歴史の誤りをただす「最初の計算機」をたずねる旅』共立出版，2005 年
2. ハワード・ラインゴールド著，日暮雅通訳『新・思考のための道具：知性を拡張するためのテクノロジー―その歴史と未来』パーソナルメディア，2006 年
3. 浜野保樹『極端に短いインターネットの歴史』晶文社，1997 年

注）

1）たとえば，A.M. Turing, Computing machinery and intelligence, *Mind*, Vol.59, No.236, 1950, pp.433

-460, http://mind.oxfordjournals.org/content/LIX/236/433（'13.11.20 現在参照可）。
2) Vannever Bush, As We May Think, *the Atlantic Monthly*, 1945. pp.101-1. なお，インターネット上で原文を読むことができる（http://www.theatlantic.com/magazine/archive/1945/07/as-we-may-think/3881/, '13.11.20 現在参照可）。邦訳：西垣通編著訳『思想としてのパソコン』NTT 出版，1997 年，pp.65-89 など。
3) 西垣通「“思想”としてのパソコン」『思想としてのパソコン』NTT 出版，1997, pp.3-64.
4) Joseph Carl Robnett Licklider, Man-Computer Symbiosis, *IRE Transactions on Human Factors in Electronics*, Vol. HFE-1, pp.4-11, 1960. 邦訳： 前掲西垣通，pp.127-148。
5) J. C. R. Licklider, *Libraries of the Future*, the M.I.T Press, c 1965. 一部邦訳は，Mark Stefik 編著，石川千秋監訳，近藤智幸訳『電網新世紀：インターネットの新しい未来』パーソナルメディア，2000 年に所収。
6) GUI は，マウスクリックでウィンドウを開き，アイコンをドラッグして位置を変える，といった現在では当り前となったインタフェースである。GUI と対比されるのは，キーボードから文字によってコンピュータを操作する CUI（character user interface）である。
7) Alan Curtis Kay, A Personal Computer for Children of All Ages, *the Proceedings of the ACM National Conference*, 1972.（http://www.mprove.de/diplom/gui/kay 72.html, '13.11.20 現在参照可。邦訳：（要約）http://swikis.ddo.jp/abee/74（'13.11.20 現在参照可）.
8) 1957 年，ソビエト連邦が人類史上はじめての人工衛星であるスプートニクの打ち上げに成功すると，当時，ソ連と冷戦状態にあった米国は，ミサイルによる核攻撃の可能性に恐怖した。このいわゆるスプートニクショックを受けて，米国国防総省のなかに創設された機関が ARPA であった。Richard Van Atta, Fifty years of innovation and Discovery, compiled in Defense Advanced Research Projects Agency. “DARPA : 50 years of bridging the gap”, pdf, [Washington, D.C.] , DARPA, [2009?], p.20。所載：DARPA ホームページ http://www.darpa.mil/About/History/History.aspx（'13.11.20 現在参照可）。
9) 銀河間コンピュータネットワーク（Intergalactic Computer Network）という印象的な言葉は，リックライダーが 1963 年に関係者に送付したメモのなかで用いた言葉であり，のちのインターネットを想像させるものとして知られている。Mitch Waldrop, DARPA and the Internet Revolution, compiled in ibid, p. 79。この文書には Licklider の手書きのメモ類（如上のメモではない）も掲載されており，興味深い。
10) Robert William Taylor, OH 154. Oral history interview by William Aspray, Charles Babbage Institute, 1989, pp.29-32（http://purl.umn.edu/107666, '13.11.20 現在参照可）.
11) Paul Baran, On Distributed Communications Networks, RAND Corporation, 1962.
12) Theodor Holm Nelson, A file structure for the complex, the changing and the indeterminate, *the Proceedings of the ACM National Conference*, 1965, pp.84-100.
13) T. H. Nelson, *Literary Machines*, Mindful Press, 1993. 邦訳：竹内郁雄，斉藤康己監訳『リテラリーマシン』アスキー，1994 年。
14) Tim Berners-Lee, *Weaving the Web*, Harper San Francisco, 1999. 邦訳：高橋徹監訳『Web の創成』毎日コミュニケーションズ，2001 年。
15) Federal Communications Commission, Digital Tornado: The Internet and Telecommunications Policy, *OPP Working Paper* No. 29, 1997, p.15.

15 展望：図書・図書館史から見えるこれからの世界

最近は，何か調べものがあっても，図書館に行くより，ウェブを検索するという人が多い。一方で，電子図書館を名乗るウェブサイトが増えてきている。今後の図書や図書館にとって，インターネットはもはや無視できない存在といえるだろう。そこで本章では，図書・図書館史の締めくくりとして，日本の図書史研究の現在の動向や，インターネット社会の行く末，そして，図書館界の展望を述べることにしよう。

第1節 日本における図書館史研究の現在と展望

図書館史研究の意義は，図書館の発達という歴史を通じて「図書館とは何か」という図書館の本質や理念を具体的に論考することである。「成長する有機体」の言葉が示すように，図書館はその時代とともに利用者やサービスが常に変化しつづけているが，これは図書館がその時代の思想や社会の影響から離れて存在することはできないことを如実に示すものである。その一方で資料の収集・整理・保管・提供という基本的な機能は時代によってその重みづけは変化するが，本質的には変わらないものといえよう。図書館史を通じて過去に直面した諸課題を知ることは，現在や未来の図書館がかかえる諸問題を乗り越える指針にもなるのである。

図書館史に関する研究は，日本だけに限ってみても『図書館文化史研究』（図書館文化史研究会），『図書館界』（日本図書館研究会），『図書館学』（西日本図書館学会），『図書館情報学会誌』（日本図書館情報学会）などの学術雑誌にその研究成果が数多く発表されている。こうした研究成果を読み解くと，図書館史研究は，①まったく新しい史料の発見，②研究課題の変化に応じた史料の再構成による新たな発見，③存在がほとんど注目されていなかった既存史料の再評価，によって研究が進展しているのがわかる。

近年の研究成果の一例を紹介すると，①のまったく新しい史料の発見については，「書屋（しょおく）」の墨書き板の発見がある。1991（平成3）年，法隆寺の釈迦三尊像の解体修理の際に台座内側から「書屋」「辛巳年」と墨書かれた板がみつかった。当時，中国の唐では書物を保管する部屋を「書屋」と呼んでおり，「書屋」とは法隆寺に併設された書庫のことをさすと考えられている。「辛巳年」は621（推古29）年または681（天武11）年と比定されるので，これをもって，図書寮の前身である日本最古の図書館としてよいのではないかと推測されている[1)]。

②については，江戸時代の豪農の役割を経済的観点からでなく文化的観点から考察し，農村の豪農が多くの書物を所蔵し地域の学問や文化の拠点になっていたことや，村内や近隣の知識層に貸出をおこなうことで，地域の教育・情報伝達機関としての役割を果たしたとする「蔵書の家」の存在を明らかにした研究がある[2)]。武士階級の藩校文庫や庶民階級の貸本屋と同じように農村

でも読書活動が積極的におこなわれた事例を示すものといえよう。

③については，1925〜1952（大正14〜昭和27）年までの長野県上田市立図書館の膨大な業務日誌を丹念に読み解き，戦前の図書館への厳しい禁書統制や図書館側のその対応について詳細に論じた研究がある[3]。いままでは顧みられることがなかった史料に光を当てることで，新たな知見が得られる研究事例といえよう。

また，近年の日本における図書館史研究のおおまかな傾向として，「方法論的な問い直し」「戦後の図書館に対する歴史的評価」「人物への注目」という3つの特色があるとする指摘がある[4]。「方法論的な問い直し」については，従来の図書館史研究は思想史や文化史といった学術的な枠組みでの考察が少なかった反省に立つものである。「戦後の図書館に対する歴史的評価」は，『中小都市における公共図書館の運営（中小レポート）』（1963年）や『市民の図書館』（1970年）といった戦後の公共図書館に大きな影響を与えた事柄について歴史的評価を試みるものである。「人物への注目」についても個人の思想や活動を通じて図書館そのものを探ろうとする試みであり，近年ではオーラルヒストリーに代表されるインタビューや，一次史料自体の発見や再評価に注目する研究が多い。

「図書館とは何か」という問いかけに応えるべく，今後も新たな史料の発見や新しい研究結果によって図書館史研究のさらなる進展が期待される。

第2節　インターネットと図書館の今後

第14章でみたように，コンピュータやインターネットの発展史は，図書や図書館と深いところでつながっている。たとえば，ブッシュのメメックスという架空の装置は，新たに蓄えられていく膨大な知識をいかに活用するかという問題意識から構想されたものであった。メメックスは個人レベルの装置であるが，人類の知識を収集，整理し，提供することを旨とする図書館は，社会レベルで類似した役割をもっているといえるだろう。メメックスの示唆によって生まれたネルソンのハイパーテキスト，すなわち文書を超える文書という発想は，現在ではインターネット上にWWWシステムとして実現しており，図書および図書館のより大きな可能性を示しているともいえる。また，ケイがパーソナルコンピュータの理想型を動的な本（ダイナブック）と名づけたことも，図書の可能性を示すものとして印象的である。

これらはいずれも，今までにないまったく新しいメディアを産みだそうとした動きであるが，インターネットの大衆化とともに，従来の書籍をそのまま電子の世界へ移行させようとする動きも活発になっている。電子書籍の閲覧用端末であるアマゾン社のKindle（キンドル）や，タブレットPCであるアップル社のiPad（アイパッド）の登場はその象徴だろう。いずれも書籍コンテンツを，インターネットを通じて購入／ダウンロードし，従来の書籍に近いかたちで読むことができる。

既存の図書館のあり方も，また，インターネットによって変化している。来館せずとも蔵書検索ができるだけでなく，図書の内容そのものをウェブ上に公開する図書館も増えている。たとえば，国立国会図書館は，著作権の保護期間が満了した明治期の図書などの画像をデータベース化し，ウェブ上に公開している（写真 15-1）。

また，電子化したテキストを集めて，ウェブ上に一から図書館を構築する電子図書館もすでにいくつか存在している。なかでも，青空文庫（http://www.aozora.gr.jp/ '13.11.25 現在参照可）や Project（プロジェクト） Gutenberg（グーテンベルク）（http://www.gutenberg.org/wiki/Main_Page '13.11.25 現在参照可）が有名である。

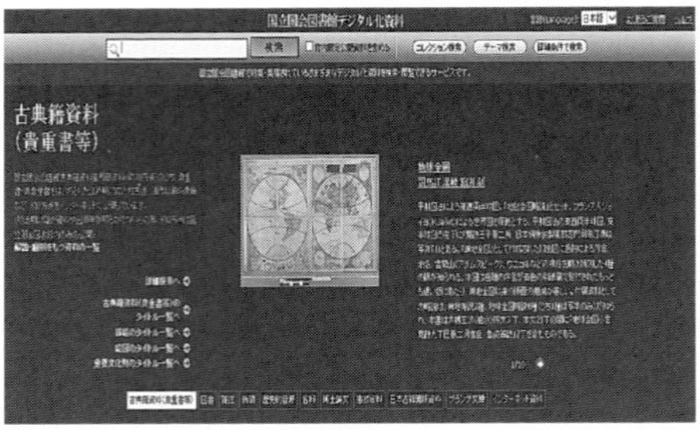

写真 15-1　国立国会図書館「デジタル化資料」のトップ画面
http://dl.ndl.go.jp/（'13.11.25 現在参照可）

さらに，検索大手のグーグルは，書籍の内容を検索して一部表示できる Google ブックス（写真 15-2）というウェブサービスを展開している。Google は，世界各国の有力図書館と提携し，蔵書をスキャンしてデータを集め，コンテンツ数を増やしている。その目標は，「すべての書籍の包括的で検索可能な仮想カタログをすべての言語で作成する」[5]という壮大なものである。

写真 15-2　Google ブックスのトップ画面
http://books.google.co.jp/
（'13.11.25 現在参照可）

電子書籍や電子図書館は，（WWW それ自体に著作権を管理するという想定がないため）常に著作権の問題がつきまとう。現在の商用電子書籍コンテンツは，ネットワーク上の専用ストアで購入し，認証済みの専用端末や専用ソフトウェアで閲覧することが前提となっている。一方，電子図書館は，著作権の切れた作品を主な対象としている。これに対し，すべての書籍の電子化をめざす Google ブックスは，著作権侵害にあたるとして訴訟を起こされている[6]。

ここで思い起こされるのは，ネルソンによるザナドゥ計画である（第 14 章参照）。ザナドゥ（Xanadu，この言葉は「理想の地」「桃源郷」を意味するとされる）は，初期のころから著作権管理の仕組みまで想定された理想的計画であった。ほかにもバージョン比較や双方向リンクなど，ザナドゥはウェブよりもはるかに考えられた内容をもっている。しかし，そうした先進性ゆえに，その実現は困難だったのであり，ウェブに先を越されることになったともいえるだろう。

現在，ウェブは私たちの日常生活の隅々まで普及し，ちょっとした調べものであれば（あるいはかなり専門的な調べものでさえ）ウェブを検索するだけで済ませる人も多くなっている。ウェブはすばやく検索できるし，基本的に無料である。しかも，そこにはほとんどあらゆる分野の情報が存在しているように思える。適切にリンクが張られていれば，関連する資料にたどり着くことも容易である。そのような意味では，ネルソンが期待したような，これまでの文書を超える文書システムとして，ウェブはすでに図書や図書館の代わりとなっているということもできるだろう。

しかし，常に指摘されるように，現在のウェブ上の情報は玉石混淆である。誰が責任者かわからないページや，いつ更新されたか自明でないページは非常に多い。他人の書いた文を自分の書いたものであるかのように見せかける剽窃（ひょうせつ）行為や，誹謗中傷（ひぼうちゅうしょう）やデマも少なくない。何が正しく，何が正確な情報であるかを，私たちは自ら判断しなければならない。情報がいくらあったとしても，いやむしろ膨大に存在するからこそ，この状況は深刻である。私たちは文字どおりの情報洪水のなかでおぼれかかっているといってもよい。ハイパーテキストというアイデアの原型となったブッシュのメメックスが，急激に増加する知識への対処として構想されたことを思えば，これはきわめて皮肉な状況である。

こうした状況下で再評価され得るのは，むしろ，従来の図書および図書館であろう。多くの場合，図書はなんらかの専門家によって執筆され，多数人の校正を経て出版される。一方，図書館は情報資源を選別し，テーマによって分類して，体系として管理している。図書館が作成する目録からは，同一の著者や同一のテーマの資料を容易に探し出すことができる。インターネットの時代だからこそ，このような図書および図書館の存在意義もまたあらためてみえてくるのである。

電子書籍や電子図書館を思えば，図書館がインターネットの世界と融合しつつあるのも確かであり，この動きは今後も続くことになるだろう。ウェブ上のGoogleブックスで図書の内容を検索し，興味をもった図書を今度は図書館で借りる，という使われ方もすでになされている。また，図書館による利用者個人向けウェブサービスの試みも，徐々に始まりつつある。たとえば，個人的に気になる図書を記録できたり（マイライブラリー機能など），類似の図書を自動的に推奨してくれたりするサービスである。メメックスが個人レベルの装置であったことを思えば，このような「個人の図書館」は，今後さらに追究されるべき方向性かもしれない。連想による接続は，個人においてこそ意味があるともいえるからである。

図書館とインターネットの関係は，まだ始まったばかりである。覚えておきたいのは，図書館の側がインターネットから一方的に影響を受けるとは限らないということである。インターネットの側も図書館から影響を受けてきたし，また今後も受けていくだろう[7)]。図書館の伝統的な役割を忘れてはならないが，インターネットの時代には，図書館という概念がさまざまな可能性に開かれていることもまた事実なのである。

第3節　これからの図書館とメディア

米国ではほんの一時期，公共図書館においてラジオ放送を受信するという試みがなされていた。しかし，このサービスは定着しなかった。当時は，図書館員も利用者も，図書館は結局のところ「図書」の「館」であるという考え方から脱却できなかったのだ。

その後，テレビ全盛の時代になっても，情報の公平なアクセスを保障すべき公共図書館には，テレビを視聴するためのコーナーが設置されなかった。しかも，これは日本だけのことではなく，何よりも，民主主義と公共図書館の先進国である米国において，そうだったのである。

図書館がテレビコーナーを積極的に導入しなかったことは，現代における図書館の失敗の１つであったと筆者は考える。テレビを視聴できるコーナーが図書館に設置されていれば，図書館が「社会の総合メディアセンター」として発展するチャンスとなっただろう。

図書館がこのチャンスを逃したのは，世界的な傾向である。近代の歴史のなかで，20 世紀に登場・普及したテレビの影響はすさまじいものがあり，人々が主に利用する情報媒体は，それまでの図書からテレビに取って代わられた。このような状況のなか，図書館員たちは，「テレビはテレビ，図書は図書」というように，図書館の役割をせまく限定しすぎたように思われる。

やがて経済が豊かになるにつれ書店も充実し，今日では電子書籍も普及しつつあり，「図書館不要論」なるものさえ登場しつつある。しかし，図書館には，ほかの社会的機関が担うことができない，図書館として独自に果たすべき使命が「確実にある」ことを忘れてはならない。

第 1 は資料・情報資源の「保存機能」である。貴重資料や酸性紙でつくられた 20 世紀の資料の多くをデジタル化すること（デジタルアーカイブの作成・提供）は，今日の図書館における最大のテーマの 1 つとなっている。

第 2 は，利用者が求める資料・情報資源を提供する「情報提供機能」であり，利用者が膨大な情報資源を活用できるように教え導く「教育機能」である（本シリーズ第 4 巻参照）。情報資源を自ら活用する力を身につけてこそ，自律的市民という，民主主義の理想の土台が成立するのである。その意味では，ドキュメンテーションから発達した情報検索を中心とした情報学が図書館活動の領域に全面的に採り入れられたことは，大きな成果であったといってよい。

写真 15-3　新アレクサンドリア図書館

他方，目を外国に転ずれば，「情報提供機能」はさまざまな国でさまざまな方法で展開されている。たとえばケニアではラクダが，ジンバブエやコロンビア，ペルーではロバが，タイの奥地ではゾウが図書の運び手となり，辺境の村々への移動図書館の役割を果たしている。ジンバブエでは，太陽光発電を利用してテレビやビデオ，ファックス，インターネットサービスを提供することが試みられている。またタイでは，海軍の退役軍艦を図書館として利用する水上図書館があり，バンコクの貧困街を巡回して図書や視聴覚資料を届けている[8)]。2002 年に開館した新アレクサンドリア図書館（写真 15-3）は「知の創造と普及を担う優れた中心的存在になること，人と文化を結ぶ対話と相互理解の場となること」を目標に 1996 年以降のウェブサイトの情報を収集してデジタルアーカイブ化をおこなっており，世界中からアクセスできる国際電子図書館をめざしている。また，マレーシアのクアラルンプール公共図書館にはヴァーチャルリアリティ室があり，子どもたちが水中の生物や人体の仕組みなどを仮想体験しながら学ぶことができる。このように世界中の図書館で独自の展開がおこなわれており，それぞれの地域の特性に沿ってまったく別の観点からの課題があることに気づかされる。

第 3 は，「場の演出機能」（本シリーズ第 1 巻第 1 章参照），つまり，魅力的でおちつける空間，都会のオアシスの提供，市民の書斎を提供するという使命がある。個々人が切り離されている現代だからこそ，コミュニティをつなぐための社会的な「場所」が必要になる。図書館は，まさにその１つである。図書館で，図書をはじめとする情報資源との出会いを通じて，自らの内面を豊かに成長させていくという行為は，生涯学習そのものであり，超高齢社会（人口の21%以上が65歳以上）となった日本では，図書館が，高齢者の利用の大きな受け皿となることが，時代的な使命であるといえるだろう。

これからの図書館は，インターネット上の情報資源（ネットワーク情報資源）を活用しつつ，ハイブリッドライブラリー（電子メディアと紙，そのほかのメディアを扱う総合メディアセンター）として，独自の機能をさらに強化しながら，MLA（Museum, Library and Archive）の連携も図っていく必要がある。

図書・図書館史は，知の集積と活用の歴史であり，本書では，その一端を垣間見たにすぎない。これを出発点として，さらに未来の図書・図書館のあるべき姿を構想し，実現していくことが，私たちの使命である。

設　問

(1)　本章で紹介したウェブ上の電子図書館にアクセスし，何点か作品を閲覧してみよう。

(2)　これから先も新しいメディアが登場することが考えられるが，それはどのようなものだろうか。また，その図書館との関係について自由に発想したものを，900字程度で記述しなさい。

参考文献

1. Mark Stefik 編著，石川千秋監訳，近藤智幸訳『電網新世紀：インターネットの新しい未来』パーソナルメディア，2000年
2. モーリン・サワ文，ビル・スレイヴィン絵，宮木陽子，小谷正子訳『本と図書館の歴史　ラクダの移動図書館から電子書籍まで』西村書店，2010年

注）

1）小川徹「日本最古の図書館『書屋』について」『日本図書館文化史研究』no.19，2002年，pp.33-45。

2）小林文雄「近世後期における『蔵書の家』の社会的機能について」『歴史』no.76，1991年，pp.25-43。

3）小黒浩司「戦前期図書館統制の研究：上田市図書館『日誌』を読む」『図書館界』 vol.61，no.3，2009年，pp.174-184。

4）三浦太郎「日本図書館史研究の特質－最近10年間の文献整理とその検討を通じて－」『明治大学図書館情報研究会紀要』no.3，2012年，pp.34-42。

5）「Google ブックス図書館プロジェクト－世界中の書籍の高性能カタログ」http://books.google.co.jp/intl/ja/googlebooks/library.html（'13.11.25 現在参照可）。

6）2013年11月，米国ニューヨーク南地区連邦地方裁判所において，Google ブックスはフェアユースにあたるとして，Google に対する米国の著作者団体の訴えが棄却された。しかし著作者団体側は，控訴の予定であることを表明している。「Google ブックス訴訟，Authors Guild の訴えが棄却される」国立国会図書館カレントアウェアネス，2013年11月15日，http://current.ndl.go.jp/node/24862（'13.12.1 現在参照可）。

7）たとえば Mark Stefik は，「知識の守護者」という元型の代表として図書館をとらえ，電子図書館をメタファーとして，今後のインターネットの方向性を探っている。詳しくは，参考文献1を参照されたい。

8）マーグリート・ルアーズ著，斉藤規訳『図書館ラクダがやってくる　子どもたちに本をとどける世界の活動』さ・え・ら書房，2010年。

付録 1　図書史年表

【凡例】［　］：出版国は漢字名一文字または国名，『　』：書名・雑誌名，（　）：年を示す

年	記録媒体	西　洋	日　本
BC35000	パピルス，石版，亀甲，獣骨		
2500	粘土板	**ギルガメシュ叙事詩**：現存している最古の叙事詩	
2000	石	**ハンムラビ法典**（BC1700 半ば）：最古の法典	
1000	青銅，石材，木竹	**『イリアス』『オデュッセイア』**ホメロス（BC800 半ば）：ギリシア最古期の長編叙事詩	
500		**『歴史』**ヘロドトス（BC450 ごろ）	
300	羊皮紙	**『原論』**ユークリッド（BC300 ごろ）：古代ギリシア数学を代表する名著 **『旧約聖書』**：ユダヤ教およびキリスト教の聖典 **『ピナケス』**カリマコス（BC260-240 ごろ）：古代アレクサンドリア図書館の蔵書目録 **『レクシス』**アリストファネス（BC204-180 ごろ）：最初のギリシア語の大辞典	
100		**『ガリア戦記』**カエサル前（BC58-52）：ガリア戦争の記録 **『アエネイス』**ウェルギリウス（BC26-19）：ローマ建国の物語を語った叙事詩	
AD0		**『博物誌』**プリニウス（77）：世界のあらゆる知識を集約しようと試みられた百科事典	
100	［中］製紙法改良（105）	**『新約聖書』**成立（200-300 ごろ）：キリスト教の正典のうち，旧約聖書以外の 27 の文書からなる。 **『神国論』**アウグスティヌス：キリスト教三大古典の 1 つ	百済から王仁が来朝し，**『論語』『千字文』**が伝来する（286）
500		**『ローマ法大全』**（529）ユスティヌアス帝：ローマの法律および法学説の集大成 **『聖俗学問指南』**カッシオドルス：ヴィヴァリウム修道院で収集されたキリスト教文献の案内	仏教が伝来（538 または 552）仏像や経典が百済から届けられる
600	木版印刷術	**『語源考』**聖イシドール（600 ごろ）：古代の学術百科をキリスト教的見地から集大成した百科事典 **『千書（万巻抄）』**フォティオス：コンスタンティノープル総大司教フォティオスの記した古典 280 種の抜粋	高麗の僧 曇徴が絵具・墨・紙の製造法を伝える（610） **『三経義疏』**聖徳太子（611-615）：経典注釈書
700			**『古事記』**太安万侶（712）：天皇家の本縁譚 **『風土記』**（713）：郷土誌的文書 **『日本書紀』**舎人親王（720）：日本最初の編年体の歴史書 **『百万塔陀羅尼』**（770）：制作年代が明確

			な世界最古級の印刷物 **『続日本紀』**菅野真道・藤原継縄（797）：日本書紀の続編にあたる歴史書
800		**『一覧の書』**イブン・アル=ナディム：非イスラムの文学，哲学，科学などの文献も幅広く取り込んだ文献目録 **『医学典範』**イブン・スィーナ：ギリシア系アラビア医学書 **『スーダ（スイダス）』**：ビザンティン帝国で編纂された古代ギリシア文化についての百科事典	**『将来目録』**空海（806）：大陸に渡行した僧侶の持ち帰った経典類の目録 **『篆隷万象名義』**空海（830 以後）：日本現存最古の漢字字書 **『日本国見在書目録』**藤原佐世（891 ごろ）：日本最古の漢籍目録 **『類聚国史』**菅原道真（892）：五国史の記事を事項別に分類し年代順に収めた類書 **『新撰字鏡』**昌住（898-901）：和訓を有する辞書では現存最古の漢和辞書 **『倭名類聚抄』**源順（934 ごろ）：漢語の出典，字音，和名を説明した一種の百科事典
1000	［中］活字印刷（1041-48）銅活字による「詳定礼文」の印刷（1230）	**『世界の鏡（イマーゴ・ムンディ）』**ホノリウス：百科事典 ［仏］**『然りと否』**ピエール・アベラール：スコラ学の基礎を築いた書 ［仏］**『ローランの歌』**（1100 ごろ）：フランス最古の武勲詩 ［独］**『ニーベルンゲンの歌』**：中世ドイツの英雄叙事詩（1205 ごろ） ［アイスランド］**『エッダ』**スノリ・ストゥルルソン（1218 ごろ）：古ゲルマン神話・伝説を題材に散文で表された詩学入門書。**『散文エッダ』『スノリのエッダ』**ともいわれている **『フィロビブロン』**リチャード・ド・ベリー：書物への愛をつづった書。愛書家の聖書と呼ばれ，中世のベストセラー ［伊］**『神学大全』**トマス・アクイナス（1266-1273）：カトリック神学の初学者向けの教科書。キリスト教三大古典の1つ ［伊］**『神曲』**ダンテ（1307-1321 ごろ）：地獄篇，煉獄篇，天国篇からなる長編の叙事詩。イタリア文学の古典 ［伊］**『ルネサンス書簡集』**ペトラルカ（1345-1374 ごろ）：大ルネサンスの創始者とも目される著者のヒューマニズムの思想を表現した書簡集 ［伊］**『デカメロン』**ボッカチオ（1358）：最初の近代小説といわれる短編小説集	**『明衡往来』**藤原明衡：日本最初の模範書簡文例集であり，最古の教科書 **『春日版』**奈良興福寺で開版された仏典の総称。**『成唯識論』**観増（1088）が最古。室町時代末まで出版が続く **『奥儀抄』**藤原清輔（1124-44 ごろ）：和歌を分類し，解釈を加えた和歌に関する理論書 **『通憲入道蔵書目録』**藤原通憲（信西）（1150 ごろ）：和書も混入された目録では日本最古の目録 **『色葉字類抄』**橘忠兼（1144-1181）：言葉の配列をいろは順にした平安時代の国語辞書 **『高野版』**紀伊高野山で出版された仏典の総称。**『三教指帰』**快賢（1253）が最古。江戸初期には古活字版も刊行 **『塵袋』**（1264-88）：物事の起源・語義・語源由来などを問答形式で説明した類書 **『名語記』**経尊（1268-75）：口語・俗語の語源辞典 **『本朝書籍目録』**藤原実冬（1280 代）：日本最初の和書目録 **『五山版』**京都・鎌倉の五山を中心に禅僧によって鎌倉末期から室町時代にかけて出版された書物の総称 **『仙洞御文書目録』**中原盛氏・中原清種・安部資為（1354）：仙洞御所（上皇の御所）所蔵の書籍目録 **『仙源抄』**長慶天皇（1381）：源氏物語の注釈書，いろは順に配列
1400	［独］J. グーテンベルクの活版	［仏］**『ベリー公のいとも豪華なる時祷書』**ランブール兄弟：中世装飾写本の最高峰	**『下学集』**（1444）：日本の古辞書の1つ **『尺素往来』**一条兼良（1460 ごろ）：手

	印刷術集大成（1450 ごろ）	とされる ［独］『**グーテンベルク聖書（四十二行聖書）**』グーテンベルク（1450 ごろ） ［独］『**教会関係著述目録**』J.トリテミウス（1494）：修道院の文献目録 ［英］『**幼童宝庫**』パイソン（1499）：イギリスで最初に印刷された辞書。辞書をアルファベット順に編集するきっかけとなった	紙の例文集 『**節用集**』（1469-86 ごろ）：下学集をいろは引きに改修したもの 『**温故知新書**』大伴広公（1486）：最古の五十音引き辞書
1500		［蘭］『**愚痴神礼賛**』エラスムス（1509）：哲学者・神学者の権威や聖職者の偽善を風刺した名著。教会から禁書扱いされた ［英］『**ユートピア**』トマス・モア（1516） ［スイス］『**万有文庫**』コンラート・ゲスナー（1545-55）：すべての時代，言語，領域を網羅する目的で作成された書誌 ［英］『**英国印刷図書目録**』A.マウンセル（1595）：英国の全国書誌	『**無言抄**』応其（1580）：連歌のための辞書 『**キリシタン版**』（1590-1610 ごろ）：西洋印刷機を用いて，日本イエズス会が加津佐・長崎・天草・京都で印刷した活版出版物の総称。『**伊曽保物語**』（1593）など 31 種が現存 『**伏見版**』徳川家康（1599-1606）：伏見で開版させた木活印刷物の総称。『**孔子家語**』（1599）『**吾妻鏡**』（1605）『**武経七書**』（1606）など 8 種
1600		［英］『**ハムレット**』（1600-1602 ごろ）『**オセロ**』（1602）『**リア王**』（1604-1606 ごろ）『**マクベス**』（1606 ごろ）シェイクスピア：英国を代表する劇作家の四代悲劇。 ［英］『**学問の進歩**』ベーコン（1605）：初めて英語で書かれた哲学書 ［西］『**ドン・キホーテ**』セルバンテス（1605，1615）：人間の悲劇性と喜劇性の両面を描いた近代文学の先駆的作品 ［英］『**新機関（ノウム・オルガヌム）**』ベーコン（1620）：科学方法論として帰納法の必要性を説いた ［仏］『**図書館建設への提言**』ガブリエル・ノーデ（1627）：蔵書構成論，図書館の公開の原則について明言された図書館論の嚆矢 ［仏］『**方法序説**』デカルト（1637）：近代科学の方法論を基礎づけた哲学書 ［チェコ］『**世界図絵**』コメニウス（1658）：世界初の絵入りの教科書 ［仏］『**学者報知（ジュルナル・デ・サバン）**』	『**駿河版**』徳川家康（1615-1616）：駿河で開版させた銅活印刷物。『**大蔵一覧集**』（1615）『**群書治要**』（1616） 『**和句解**』松永貞徳（1622）：約 1500 語をいろは順に配列した語源辞典 『**大日本史**』徳川光圀（1657-1906）：水戸藩で編纂した漢文の日本史 『**訓蒙図彙**』中村惕斎（1666）：江戸時代の図解事典 『**紅葉山文庫目録改正**』（1680）：江戸城紅葉山文庫の現存最古の目録記録 『**庭訓往来図讃**』（1688）：日本最古の絵入りの教科書（往来物）
1700		［英］『**百科事典**』チェンバーズ（1728）：大項目主義の百科事典 ［英］『**ジェントルマンズ・マガジン**』（1731-）：タイトルに初めて“magazine”を用いた雑誌。娯楽雑誌の草分け ［仏］『**博物誌**』ビュフォン：博物図鑑の古典。軽妙簡潔な文体で人気を誇った ［仏］『**百科全書**』ディドロとダランベー	『**倭版書籍考**』幸島宗意（1702）：慶長（1596）～元禄（1702）に出版された和漢書の解題目録 『**倭訓類林**』海北若冲（1705）：国書や漢籍の和訓を集めていろは順に配列した辞書 『**和漢三才図会**』寺島良安撰（1712）：江戸時代の図入り百科事典

		ル（1751-80）：18 世紀の最も有名な百科事典 ［英］**『ブリタニカ百科事典』**（1768-71）：世界的に有名な英語の百科事典。大項目主義をとる。2012 年書籍版が終了 ［独］**『総合図書目録』** W.ハインジウス（1793-98）	**『百姓往来』**（1764-72 ごろ）：農民のための教科書 **『古事記伝』** 本居宣長（1767-98，1822 刊）：古事記注釈書 **『解体新書』** 杉田玄白ら（1774）：日本最初の本格的洋書翻訳書 **『物類称呼』** 越谷吾山（1775）：日本における最初の全国方言辞典 **『和訓の栞』** 谷川士清（1777-1877）：古語俗語方言を集めた五十音順辞書 **『群書類従』** 塙保己一編（1779-1819）：日本最大の叢書 **『新編書籍名数』** 中村治重（1781）：類書の目録 **『国朝書目』** 藤貞幹（1791）：一般的な国書を網羅した目録
1800	［仏］ダゲレオタイプ（銀根写真）（1837）	［独］**『図書館学の全教程への試論』** M.シュレッティンガー（1808-28）：「図書館学」という概念を初めて提唱した書。図書館学の本質や範囲について論争を引き起こした ［独］**『ファウスト』** ゲーテ（1808，1833）：長編の戯曲。ドイツと世界文学の最高峰 ［仏］**『フランス帝国書誌』**（1811-） ［独］**『完全図書事典』** C.G.カイザー（1834-） ［独］**『図書館学文献通報』**（1840-86） ［フィンランド］**『カレワラ』** リョンルート（1849）：フィンランドの伝承を採集し，民族叙事詩の集成としてまとめたもの	**『群書一覧』** 尾崎雅嘉（1802）：国書の分類解題目録 **『近代著述目録』** 堤朝風（1811）：日本で初めてとされる著者名目録 **『厚生新編』**（1811-1846）：江戸幕府天文方がフランスの「日用百科事典」を抜粋訳出した事典 **『雅言集覧』** 石川雅望（1826-49）：奈良・平安時代の語彙を集めた古語辞典 **『嬉遊笑覧』** 喜多村信節（1830）：江戸時代の類書 **『重訂御書籍目録』** 林復斎（1836）：江戸城紅葉山文庫所蔵の漢籍目録
1850	［仏］シネマトグラフ（1895）	［独］**『資本論』** K.マルクス（1867-94）：マルクス経済学およびマルクス•レーニン主義の基本文献 **『ライブラリー・ジャーナル』**（1876-）：アメリカ図書館協会の発行する図書館員の情報交換の場となった雑誌。M.デューイが創刊し，編集長を務めた **『十進分類法』**（初版）M.デューイ（1876）：アメリカ図書館界の第一人者である M.デューイが考案した図書分類法 **『辞書体目録』** C.A.カッター（1876）：辞書体目録を対象とする目録規則。後世に大きな影響を与えた ［独］**『図書館学中央雑誌』**（1884-） ［英］**『ライブラリー・アソシエーション・レコード』**（1899-）	**『武家名目抄』** 塙保己一編（1860 ごろ）：武家の有職故実書 **『西洋事情』** 福沢諭吉（1866）：西洋文明と欧米 5 カ国の紹介書 **『書籍館目録』**（1875）：東京書籍館の蔵書目録 **『特命全権大使米欧回覧実記』** 久米邦武（1880）：米欧回覧で岩倉使節が得た知見 **『言海』** 大槻文彦（1889）：初めての近代的国語辞典 **『図書館管理法』** 西村竹間（1892）：日本初の図書館に関する単行本 **『古事類苑』**（1896-1914）：百科全書
1900	［米］オフセット印刷の発明（1903）：ルーベル	**『国際十進分類法』**（1905）：仏語初版発行：世界の学術文献の目録作成を意図して DDC を改編したもの ［スウェーデン］**『ニルスのふしぎな旅』**	**『図書館管理法』** 文部省編田中稲城著（1900）：アメリカ留学の経験にもとづいてまとめた図書館運営に関する図書 **『図書館雑誌』** 日本文庫協会（日本図書

		（1906）ラーゲルレーヴ：政府の依頼によって児童の地理学習のために執筆された児童文学 ［独］『**ドイツ全国書誌**』（1931-） ［独］『**図書館学ハンドブック**』（1931-40） ［英］『**世界書誌の書誌**』T.ベスターマン（1939-40）	館協会）（1907-） 『**通俗図書館の経営**』佐野友三郎（1915） 『**広文庫**』物集高見（1916）：百科事典 『**児童図書館の研究**』今沢慈海・竹貫直人（1919）：日本初の児童図書館に関する専門書 『**米国図書館事情**』佐野友三郎（1920） 『**圕研究**』間宮書店（1924） 『**日本十進分類法**』森清（1929）：米国のデューイの十進分類法を参考にして，日本で考案された十進分類法 『**日本件名標目表**』加藤宗厚（1930）：基本件名標目表のもととなった 『**日本目録規則**』青年図書館員連盟（1936）：図書館において，図書・雑誌等の資料を蔵書目録に記入する際の手順・規則
1950		［英］『**イギリス全国書誌**』（1950-） ［仏］『**野生の思考**』レヴィ・ストロース（1962）：構造主義思想の勃興を促した著	
1960		［印］『**図書館学の五法則**』ランガナタン（1963）：図書館員が図書館サービスに取り組む際の基本的な理念 ［米］『**沈黙の春**』（1962）：環境問題への意識改革をもたらした代表的書物 ［米］CTS による医学索引誌の作成（米国国立医学図書館）（1964）	『**中小都市における公共図書館の運営**』（1963）：中小公共図書館は公共図書館のなかでも中核をなす存在であり，ゆえに住民に直接的にかかわるべき中小図書館の運営基準について新たな活路を見いだそうという目的で作成された。略称は「中小レポート」
1970	［米］フロッピーディスク（1971）：IBM が開発	［米］「プロジェクト・グーテンベルク（Project Gutenberg）」開始：著作権の切れた作品の全文を電子化して，インターネット上で公開するという計画（1971） ［独］『**モモ**』（1973），『**はてしなき物語**』（1979）エンデ：20 世紀ドイツを代表する児童文学作品	『**市民の図書館**』（1970）：現代の開かれた公共図書館の具体策を示した 『**図書館政策の課題と対策**』（1970）：東京都から出されたレポート。児童へのサービスや都立図書館の区市町村立図書館への援助などが提案された
1980	CD-ROM 開発（1981） ［米］「PageMaker」発表（アルダス，のちにアドビ）：DTP 概念の誕生（1985） 光磁気ディスク（MO）発売（1988）	［米］『**グロリア電子百科事典**』（1986）：世界初の CD-ROM 百科事典	『**最新科学技術用語辞典**』三修社（1985）：日本初の CD-ROM 出版物 日本電子出版協会設立（1986） 『**広辞苑 CD-ROM 版**』岩波書店（1987）『**J-BISC**』国立国会図書館（1988）：1 枚の CD-ROM に約 10 年間分，50 万点の書誌データが収録された
1990	DVD 規格化（1995）	［米］『**TULIP**』（1991）：学術電子ジャーナル配信実験開始 ［米］『**エンカルタ エンサイクロペディア**』マイクロソフト（1993）：電子百科事典	ソニーが 8 センチ CD-ROM 専用の電子ブックプレイヤー「データディスクマン DD-1」を発売（1990） 『**世界大百科事典 CD-ROM 版**』平凡社（1992）

		［米］「ブリタニカオンライン」開始（1994） ［米］オンライン書店「アマゾン・コム」開始（1995） ［米］電子読書端末「ロケット e ブック」発売（1998）	フロッピーディスクを使用した電子読書端末「デジタルブック」（NEC）発売（1993） 「電子書店パピレス」開始。フジオンラインシステム（1995） 「**青空文庫**」開設：日本国内の著作権が消滅した文学作品や著作権者が許諾した文学作品をインターネット上で公開する（1997）
2000		［米］電子書籍端末「ソニーリーダー」発売（2006） ［米］アマゾン，Kindle 発売（2007）	アマゾン・コム日本上陸（2000） **『Deep Love』**Yoshi：ケータイ小説ブームの草分け（2000） ケータイ小説サイト「魔法の図書館」開設（2006） 国立国会図書館，デジタルアーカイブ事業（2009）
2010		［米］Apple，iPad 発売，iBooks 開始（2010）	ソニーが「リーダー」，シャープが「ガラパゴス」を発売（2010）

参考資料

武内権内『日本図書館学史序説』早川図書，1960 年，447p.
小野則秋『日本図書館史』玄文社，1976 年，329p.
J.カーター，P.H.ムーア編，西洋書誌研究会訳『西洋をきずいた書物』雄松堂書店，1977 年，345p.
図書館情報大学編『「メディアそれぞれの時代」：粘土板から電子書物まで―図書館情報大学開学 20 周年創基 80 年記念特別展示会』丸善，1999 年，60p.
加藤三郎・村越貴代美・寺田光孝編『図書及び図書館史』樹村房，1999 年，215p.
マーティン・ライアンズ，三芳康義訳『本の歴史文化図鑑：ビジュアル版―5000 年の書物の力』柊風舎，2012 年，223p.
日本電子出版協会（JEPA）編『電子出版クロニクル― jepa のあゆみ』日本電子出版協会，2009 年，125p.
湯浅俊彦『電子出版学入門―出版メディアのデジタル化と紙の本のゆくえ』改訂 3 版，出版メディアパル，2013 年，42p.

付録 2　日本図書館史年表

【凡例】 西暦（和暦）で整理。近代以降は，年号に続けて月日を・で区切って表記。なお，1872（明治 5）年 12 月 2 日までは旧暦が用いられていたので，月日を斜体字で表した。日付が不明か煩瑣な場合，「月」だけにした。また，一定期間にわたる場合，「-」で示した。

	年	月日	事　　項
古代〜	621（推古 29）または 681（天武 11）		法隆寺に「書屋（しょおく）」が併設される
	665（天智 4）ごろ		行政文書を扱う部署として「図書寮（ずしょりょう）」が設置される
	701（大宝元）		大宝律令が発布。中務省の中に「図書寮」が属す
	730（天平 2）		仏典を書写する機関である「写経所」が設置される
	748（天平 20）ごろ		「東大寺写経所」が設けられる
	781（天応元）		芸亭（うんてい）を設立した石上宅嗣が死去。名称は紙のシミ除けに使われた香草の「芸」に由来
	788（延暦 7）		最澄が延暦寺を創建。一切経を収蔵するための一切経蔵を設置する
	799（延暦 18）		和気広世が公開図書館である「引文院」を一般に開く。848（承知 15）年まで存続

	821（引広 12）		藤原冬嗣が一族の子弟の学問奨励のために「勧学院」を設ける
	828（天長 5）		空海が「綜芸種智院」を設立。庶民の子どもを対象とし，現在の小学校に比定される
	850（喜祥 3）		橘氏公が一族の子弟の学問奨励のために「学館院」を設ける
	870（貞観 12）		菅原道真が一族の子弟の学問奨励のために「紅梅殿」を公開する
	881（元慶 5）		在原行平が子弟教育のために「奨学院」を設ける。平安末期まで存続
	1051（永承 6）		詩文や歴史を教授する文章博士の日野資業が個人文庫「法界寺文庫」を設ける
	1111（天永 2）		「江家文庫」を設立した大江匡房が死去。1153（仁平 3 年）に焼失
	1145（天養 2）		「日本第一大学生」と評された藤原頼長が個人文庫である「文倉」を設置。1156（保元元）年の保元の乱の際に焼失
中世〜	1208（承元 2）		問注所初代執事である三善康信が設立した「名越文庫」が火災により焼失
	1226（嘉禄 2）		朝廷の公文書を管理する「文殿」焼失。以後再建されず，小槻家の私有文庫である「官務文庫」に引き継がれる
	1276（建治 2）		「金沢文庫」の創設者である北条実時が死去
	1439（永享 11）		上杉憲実が「足利学校」を再興する
	1449（宝徳元）		足利義政が銀閣寺の一角に仏像を安置する「東求堂」を設置し，典籍を収集する
	1467（応仁元）		室町時代の関白で学者でもある一条兼良の個人文庫である「桃華坊文庫」が焼失
	1477（文明 9）		太田道灌が江戸城内に「静勝軒文庫」を設ける
近世〜	1602（慶長 7）		徳川家康が江戸城に「富士見亭文庫」を設ける
	1608（慶長 13）		隠居した徳川家康が駿河城内に「駿河文庫」を設け，林羅山に管理を命ずる
	1630（寛永 7）		林羅山が「昌平坂学問所」の前身となる私塾を江戸で開く
	1633（寛永 10）		徳川家光が書物奉行を置く。1866（慶應 2）年までの間に約 90 人が任命される
	1639（寛永 16）		江戸城本丸が火災となり「富士見亭文庫」を紅葉山に移し「紅葉山文庫」とする
	1668（寛文 8）		岡山藩の池田光政が庶民の教育のため「閑谷学校」を開校
	1767（明和 4）		名古屋で酒屋と薬種商を営んでいた「大野屋惣八（大惣）」が貸本屋を始める
	1790（寛政 2）		「昌平坂学問所」が幕府直属の教育機関となる
	1781（天明元）		佐伯藩の毛利高標が「佐伯文庫」を開設。約 8 万巻の典籍を収集
	1841（天保 12）		水戸藩の徳川斉昭が藩校「弘道館」を設立し文庫を設ける
近代〜	1870（明 3）	*2・22*	紅葉山文庫を太政官大史局の所管とする
	1871（明 4）	*9・29*	文部省に博物局設置，湯島大成殿を博物局観覧場（博物館）とする（国立科学博物館の源）
	1872（明 5）	*1 月*	京都の書肆村上勘兵衛ら，集書会社を設立（翌年集書院となる）
		4 月	文部省博物局に書籍館を設ける（図書館の初め）。旧 8・1 開館
		5 月	福岡県縦覧所設置（新聞縦覧所の端緒）。以降，滋賀・岡山・愛知・浜田・和歌山などに開設
	1873（明 6）	5・15	京都府民間有志に集書院を委託開設（後京都府立となる。初の公立図書館）。1882 年閉館
		8・19	博物館・書籍館・博物局小石川薬園を博覧会事務局の所管とする
	1874（明 7）	8・24	書籍館の蔵書を浅草に移転，浅草文庫と称する（明 8・11・17 開設）
	1875（明 8）	2・9	博物館・書籍館，再び文部省の所管となる
		4・8	書籍館を「東京書籍館」，博物館を「東京博物館」と改称
	1876（明 9）	2・25	大阪府書籍館を開館
	1877（明 10）	5・4	文部省所管の東京書籍館を，東京府に移管（5・5 東京府書籍館として発足）
	1879（明 12）	9・29	「教育令」公布（「書籍館」の語が用いられる）

	1880（明 13）	7・1	東京府書籍館を再び文部省の所管とし，東京図書館と改称
	1881（明 14）	7 月	東京大学図書館設置（法・理・医の学部図書館を統合）
	1885（明 18）	6 月	東京図書館，東京教育博物館と合併，上野へ移転，10 月開館
	1887（明 20）	3 月	大日本教育会，書籍館を設立
	1889（明 22）	3・2	東京図書館官制公布（文部行政のもとにおいて運営）
	1892（明 25）	3・1	田中稲誠・西村竹間ら，日本文庫協会設立準備，26 日創立・発会式（図書館協会の初め）
	1897（明 30）	4・27	帝国図書館官制公布（東京図書館を帝国図書館と改称）
	1898（明 31）	6・20	京都府図書館開館
	1899（明 32）	11・11	「図書館令」公布（社会教育施設に関する最初の独立法規）
	1900（明 33）	1 月	関西文庫協会創立
		10 月	秋田県立図書館で巡回文庫開始。翌年 1 月，山口県立図書館でも開始
	1904（明 37）	2・25	大阪府立図書館開館
	1905（明 38）	4 月	京都府立図書館，児童室を設け無料公開
	1906（明 39）	3・20	東京上野の帝国図書館開館。同日，落成式に臨んだのち第 1 回全国図書館員大会開催
	1907（明 40）	10・17	『図書館雑誌』創刊
	1908（明 41）	3・29	日本文庫協会，日本図書館協会と改称
		11・21	東京日比谷図書館開館（11・16 開館式）
	1909（明 42）	10 月	山口図書館協会結成（県単位の図書館員団体として初めて）
	1910（明 43）	10 月	文部大臣小松原英太郎，地方長官に向けて「図書館施設ニ関スル訓令」発す
	1921（大 10）	6・1	文部省，図書館員教習所を開設。1925 年，文部省図書館講習所と改称
	1927（昭 2）	12 月	青年図書館員聯盟発足。翌 1 月，機関誌『圕研究』（季刊）創刊
	1929（昭 4）	8 月	間宮商店，森清編『日本十進分類法』刊行
	1930（昭 5）	11・4	社団法人日本図書館協会（以下，JLA）設立認可
	1933（昭 8）	7・1	「図書館令」「公立図書館職員令」を改正，中央館制などを実施
	1936（昭 11）	10・30	「公立図書館司書検定試験規程」を制定
	1940（昭 15）	9・7	JLA，第 34 回全国図書館大会を中止し，全国図書館綜合協議会に切り替えることを決定
	1941（昭 16）	3・18	JLA，第 1 回全国図書館綜合協議会を開催。高度国防国家体制と図書館精神に関して決議
	1944（昭 19）	3・10	文部省，図書館講習所閉鎖。9 月『図書館雑誌』休刊（1946 年 6 月復刊）
	1945（昭 20）	3-5 月	都立両国，浅草，本所，東駒形図書館など空襲で消失。日比谷図書館，同じく全焼（5 月）
現代～		11・26	東京に CIE（民間情報教育局）図書館開館。引続き全国 23 か所に開設
	1946（昭 21）	3・31	米国教育使節団報告書（重要な成人教育機関の 1 つは公立図書館であると指摘）
		―	この年，青森，埼玉，鳥取などが県図書館協会を発足・再発足させ，帝国大学附属図書館協議会が会を，私立大学図書館協会が総会を開催，日本図書館研究会が発足（11 月）した
	1947（昭 22）	8 月	JLA，社団法人として認可される
		12・4	帝国学士院を日本学士院，帝国芸術院を日本芸術院，帝国図書館を国立図書館と改称
	1948（昭 23）	2・9	「国立国会図書館法」公布
		7 月	高知県立図書館，初の BM（移動図書館）を運行開始
	1949（昭 24）	4・1	国立図書館，国立国会図書館の支部上野図書館となる
		8・5	学校図書館協議会（文部大臣の諮問機関），「学校図書館基準」を決定答申
	1950（昭 25）	2・27	全国学校図書館協議会（全国 SLA）発足
		4・30	「図書館法」公布
		9 月	長野県立図書館，PTA 母親文庫開始

	1953（昭 28）	1・21	「国立大学図書館改善要項」を通達（組織・機構・経費・国際交換など）
		6 月	日本図書館学会発足
		8・8	「学校図書館法」公布
	1954（昭 29）	5・26	全国図書館大会にて，「図書館の自由に関する宣言」採択
		8・6	「学校図書館司書教諭講習規程」制定（東京・大阪学芸大学で講習実施）
	1957（昭 32）	4・30	「日本科学技術情報センター法」公布（8・16 設立）
	1960（昭 35）	10・14	JLA，中小公共図書館運営基準委員会を設置（以降，全国各地の実地調査に従事）
	1962（昭 37）	4 月	文部省，農村モデル図書館の新設助成開始（1968 年まで）
	1963（昭 38）	3・31	『中小都市における公共図書館の運営』（中小レポート）刊行
	1964（昭 39）	3・27	図書館短期大学設置
		8 月	社会教育審議会，「公立図書館の設置・運営についての基準案」発表
	1965（昭 40）	9 月	東京日野市立図書館，移動図書館のみで開館（翌年，建物として高幡図書館開館）
	1970（昭 46）	5・30	『市民の図書館』刊行
	1973（昭 48）	7 月	社会教育審議会施設分科会，「公立図書館の設置及び運営上の基準案」発表（告示せず）
	1976（昭 51）	5 月	東京大学に共同利用機関の情報図書館学研究センター設置（後の東大文献情報センター）
	1979（昭 54）	10・1	図書館情報大学設置
		10・25	全国図書館大会にて，「図書館の自由に関する宣言　1979 年改訂」を指示する決議を採択
	1980（昭 55）	1・29	学術審議会「今後における学術情報システムの在り方について」答申
	1981（昭 56）	4 月	JAPAN/MARC 頒布開始（磁気テープによる）
		4 月	京都市中央図書館，財団法人京都市社会教育振興財団へ委託・開館
	1983（昭 58）	4 月	東京大学文献情報センター改組（1986 年学術情報センター，2000 年国立情報学研究所）
	1986（昭 61）	8・24	IFLA（国際図書館連盟）東京大会開催
	1998（平 10）	3・25	「特定非営利活動促進法」（NPO 法）公布。翌年 7・30 PFI 法公布
	2000（平 12）	5・5	国際子ども図書館開館
		12・28	ビジネス支援図書館推進協議会発足
		12 月	文部省，「2005 年の図書館像～地域電子図書館の実現に向けて～」配布
	2001（平 13）	7・18	文部科学省，「公立図書館の設置及び運営上の望ましい基準」告示
	2006（平 18）	3 月	文部科学省，「これからの図書館像」配布
	2012（平 24）	12・19	文部科学省，「図書館の設置及び運営上の望ましい基準」告示
	2014（平 26）	1・20	JLA，内閣府より「公益社団法人」の認定書交付

参考文献

武内権内『日本図書館学史序説』早川図書，1960 年，pp.433-453

草野政名『図書館の歴史』学芸図書，1975 年，pp.221-268

小野則秋『日本図書館史』玄文社，1976 年，pp.308-314

藤野幸雄監修『日本図書館史年表－弥生時代～1959 年』金沢文圃閣，2012 年，pp.9-97

奥泉和久『近代日本公共図書館年表　1867～2005』日本図書館協会，2009 年，467 p.

「公共図書館サービス・運動の歴史年表その 1」 所収：小川徹・奥泉和久・小黒浩司『公共図書館サービス・運動の歴史 1　そのルーツから戦後にかけて』（JLA 図書館実践シリーズ 4）年 2006 年，pp.249-262

「公共図書館サービス・運動の歴史年表その 2」 所収：同上（JLA 図書館実践シリーズ 5）年，pp.257-270

「東京の図書館年表」 所収：佐藤政孝『東京の近代図書館史』新風舎，1998 年，pp.339-357

「年表」 所収：日本図書館協会『近代日本図書館の歩み　本篇』1993 年，pp.751-812

巻末資料

資料1　フィラデルフィア図書館会社に関するベンジャミン・フランクリンの記述　(第6章関連)

出典：Benjamin Franklin, *Autobiography of Benjamin Franklin*, http://www.gutenberg.org/files/20203/20203-h/20203-h.htm#FNanchor_63 (2013.11.20 参照可)

Now I set on foot my first project of a public nature, that for a subscription library.
I drew up the proposals.

This was the mother of all the North American subscription libraries, now so numerous. It is become a great thing itself, and continually increasing.
These libraries have improved the general conversation of the Americans, made the common tradesmen and farmers as intelligent as most gentlemen from other countries, and perhaps have contributed in some degree to the stand so generally made throughout the colonies in defense of their privileges.

資料2　アンドリュー・カーネギーの図書館に関する記述　(第6章関連)

出典：Maureen Sawa ; illustrated by Bill Slavin *The Library Book : The Story of Libraries from Camels to Computers* Tundra Books, 2006

"Opened to me the intellectual wealth of the world"

"The best means of benefiting a community" he asserted "is to place within its reach the ladders upon which the aspiring can rise"

"I choose free libraries as the best agencies for improving the masses of the people" he later explained, "because they … only help those who help themselves"

"They reach the aspiring, and open to these the chief treasures of the world－those stored up in bo oks"

資料3　モンペリエの王令(抄)　(第8章関連)

出典：国立国会図書館編，松浦茂・大村美由紀訳『図書館研究シリーズ』34，1997年，pp.287-290 (Ordonnances des Rois de France Règne de François Ier Tome VIII, 3e partie : juin-décembre 1537./Académie des sciences morales et politiques. Paris, Imprimerie Nationale, : 1969, pp.494-499)

抄

王国の全ての印刷業者又は書籍業者に，ブロアの王の図書室の管理人であるメラン・ド・サン＝ジュレ (Mellin de Saint-Gelais) 又はよき都市もしくは大学の各々に彼が雇うことになる秘書官 (commis) に一部を届ける前に，ラテン語，ギリシャ語，又は全ての他の古代語又は近代語で刊行された書物を販売すること，及び，その管理人又は秘書官に，国務会議 (Conseil du roi) 又は諸法廷へ報告し必要な場合は王の図書室のために1部を購入するよう連絡することなしに，外国で印刷されたいかなる作品も販売することを禁止する。

王令

神の恩寵によりフランス王になりしフランソワ，この勅書を読む全ての者に栄えあれ。

余の戴冠以来，余はただ一つ，他の全てのことよりも，長い時間的隔たりにより失われたよき文芸の修復又は無知の暗闇にこれ程妨げられ覆われたよき文芸の知識を欲してきた，(中略) 余の後継のフランスの王たちが，これ程までによく思われる果実，利益，有用性をそこから享受し，あるいはこれを機会に彼らが彼らの治世のあいだ，よき文芸の滋養と文芸の師を維持し継承することに導かれ，説得されるように，余はこれまであるいは今後，執筆，編纂，加筆，訂正又は修正された余の時代の読むに足る全ての作品を，万が一それらが今後人類の記憶から失われたり，あるいはその真正かつ最初の刊行時の状態が少しでも変化を被ったりした際のよりどころとするために，余の図書室に引き取り，蔵置し，そして集成することを決定した；こうした理由及び余を駆り立てる他のよき公正な配慮から，余の十全な力と王権に由来するこの勅書により以下のことを極めて明確に禁じた，すなわち余の王国及び余の支配下にある国の都市，大学，及び各地の全ての印刷業者及び書籍業者が，いかなる科学又は教育に関わっている者であろうと，余の王国内で，新しく印刷されたいかなる書物も，すなわちラテン語，ギリシャ語，ヘブライ語，アラビア語，カルデア語，イタリア語，スペイン語，フランス語，ドイツ語，又は他の言語によるものであれ，古代作家又は近代の著者による新しく印刷されたいかなる性格のものであれ，注釈，訂正，又は見るべき他のもので説明されているものであれ，大型であれ小型であれ，そうした書物，巻もの，又は手帖のうち１部を，余のブロア城の図書室の責任者兼管理者であり，余の親愛なる忠実な参事官にして専任司祭（aulmosnier ordinaire）であるその土地の神父メルラン・ド・サン・ジュレ師（maistre Merlin de Sainct Gelays）又は今後その後任として責任者兼管理者に就く他の者の手に，あるいは彼が余の王国によき都市及び大学の各々にこのために置きうるところの秘書官（commis）及び代表（deppute）の手に，まずはじめに引き渡していないものを公然とあるいは秘密裏に販売に付すこと，このためによその場所に送付することである，ブロア城又は王国のよき都市又は大学での書物の引き渡しにより，書籍業者又は印刷業者は，管理者又は彼の秘書官よりいつどこで必要な義務が果たされたかを裏付ける証明書を取得しなければならない，以上の全てに関し，違反者は全ての書物を没収され余の自由裁量による罰金を課せられる；同様に，以下のことは余の思いにかなうところであり，これを所望し，命令する，すなわち余の王国又は他国の書籍業者又は印刷業者は，余の王国の外で今後印刷されるいかなる書物も，その性質，量，又は学科にかかわらず，まずはじめに前述の余の図書室の管理者又はその秘書官に通知することなしに販売することはできない，これは必要があれば余の国務会議（Conseil）及び各地の司法官に報告し，読むに耐えるものかどうかを知り，それ以前に外国で印刷されこちらに持ち込まれる無価値なものや誤りを含むものを避けることが目的である，そしてもし余の図書室に置かれ余の王国で刊行されるに足る書物であると判断されれば，それらの書物の販売者は余の管理人及びその秘書官の証明書を取得しなければならず，管理人が適切と思う書物は他の同種のものより良いものを余のために購入することになろう。（中略）紀元1537年，すなわち余の統治の23年目の年の12月28日，モンペリエにおいて。

資料４　『古語拾遺』　（第10章関連）

出典：青木紀元監修『古語拾遺を読む』右近書院，2004年，p.15

蓋し聞けらく，「上古の世に，未だ文字有らざるときに，貴きも卑しきも老いたるも少きも，口口に相伝へ前言往行，在して忘れず。」ときけり。

［現代語訳］

思うに，聞いていることには，「上古の時代で，まだ文字がない時に，身分の高い低いや，年寄り若者の区別なくすべての人が，口頭で次々と語り伝えて，昔の人が言ったことや古い時代にあったことが残っていて，忘れることがない。」と聞いている。

資料５　『日本書紀』　（第10章関連）

出典：『新編日本古典文学全集３ 日本書紀（2）』小学館，1996年，p.563

■曇徴に関する記述

推古十八年の春三月に，高麗王，僧曇徴・法定を貢上る。曇徴は五経を知れり。且能く彩色と紙墨とを作り，并せて碾磑を造る。蓋し碾磑を造る，是の時に始れるか。

［現代語訳］

推古十八年春三月に，高麗王は僧曇徴・法定を貢上した。曇徴は五経に通じており，またよく絵の具や紙墨を作り，そのうえ水臼も作った。思うに水臼を作りことは，この時に始ったのであろうか。

資料６　『続日本紀』　（第10章関連）

出典：『新日本古典文学大系15 続日本紀（4）』岩波書店，1995年，pp.199-201

■芸亭に関する記述

大納言正三位兼式部卿石上大朝臣宅嗣薨しぬ。（中略）その旧宅を捨てて阿閦寺とす。寺の内の一隅に，特に外典の院を置き，名けて芸亭と曰う。如し好学の徒有りて就きて閲せむと欲ふ者には恣に聴せり。

［現代語訳］

大納言・正三位で式部卿を兼任する石上大朝臣宅嗣が薨じた。（中略）その旧宅を喜捨して阿閦寺とし，寺内の一隅に特に外典（仏教以外の書物。おもに儒教の書）のための一画を設け，芸亭と名づけた。もし学問好きの人がここに来て閲覧を望んだときには，自由にそれを許すこととした。

資料７　足利学校に関する記述（第10章関連）

出典：『聖フランシスコ・ザビエル全書簡３』（東洋文庫）平凡社，1994年，p.128，pp.198-199

ミヤコの大学のほかに他の五つの主要な大学があって，それらは高野，根来，比叡山，近江と名づけられる四つの大学はミヤコの周囲にあり，それぞれの大学は3500人以上の学生を擁しているといわれています。ミヤコから遠く離れた坂東（関東）と呼ばれる地方には，日本でもっとも大きく，もっとも有名な別の大学（下野の国の足利学校）があって，他の大学よりも大勢の学生が行きます。（中略）

日本で坂東というところには，たいへんな大きな大学があって，大勢のボンズたちがそれぞれの宗派について学ぶために，そこへ行きます。（中略）

山口の町で長年のあいだ坂東で勉強した人が信者になりました。彼はたいへんに学識のある有名な人でした。（中略）この人が洗礼を受けた時，信者たちはたいへん喜びました。なぜなら，彼は山口では町一番の学者であると評判の人だったからです。この坂東の大学のほかに他の諸大学がありますが，坂東の大学が最大です。

資料 8　『特命全権大使米欧回覧実記』（抄）　（第 11 章関連）

出典：久米邦武編『特命全権大使米欧回覧実記』（第 1 篇米利堅合衆国ノ部）博聞社，明治 11 年，pp.337-8. 所引：久米邦武編『特命全権大使米欧回覧実記』（復刻版）宗高書房，1975 年

■第十八巻　費拉特貴府ノ記

（明治 5 年 6 月）二十四日　晴

（略）○文教モ亦有名ナリ，「チェストナット街ノ五町目ニ設ケタル書庫ハ，一千七百三十一年，高名ノ学士「フランクリン氏ノ開基セルモノタリ，其他「ヒラデルヒヤ書庫，「ロガニアン書庫，ミナ十八萬巻ヲ藏ス，又「タルカンタイル庫ニハ，商人ノタメニ，書籍ト新聞紙ヲ集メ貯ヘテ，縦觀ヲナサシム，其書冊モ亦三萬冊ニ及フ，此府ノ書庫ハ，米國第一ノ名アリシニ，今ハ新約克（ニューヨルク）ニ一等ヲ譲レリ，（以下，略）

出典：前掲（第 3 篇欧羅巴大洲ノ部上），pp.52-4. 所引：前掲　http://kindai.ndl.go.jp/info:ndljp/pid/761504/41（'13.10.31 現在参照可）

■第四十三巻　巴黎府ノ記二

（明治 6 年 1 月）六日　晴

午後ヨリ駕シテ大書庫ニ至ル，此ハ「パレイローヤル」宮ノ近傍ナル街ニアリ，廣大ノ書房ニテ，五層ノ室室ニ，「エビシ」ノ番號ヲ以テ，書籍ノ標題ヲ部分シテ蓄藏ス，總數三百万部，其書ハ棚ヲ以テ整頓シ，前ニ藻■ヲスカシタル鐵板ヲ以テ牀（ユカ）トシ，人ヲ往来セシム，故ニ上層ノ光明，下階ニ洞達シテ闇カラス，中央ヲ空クシ，鐵欄ヲ匝シテ誤墜ヲ防ケリ，棚ノ四隅ニ鈎斗ノ仕掛アリ，書籍ヲ上下ス，書ヲ借覽スルモノアレハ，其書名ノ首字ヲ以テ，目録を撿シ，其番號ヲ記シテ，樓上ニ送レハ，樓上ヨリ即時ニ之ヲ査出シテ，釣瓶ニテ下ス，廣室數階ニ充滿セル，書冊ノ中ヨリ，點検シ出シ，人人ニ借覽セシムルニ，一二分時ヲ待シメルニスキスシテ辨スルナリ，是力為メニ人ヲイルヽ，常ニ百六十人ニテ，出納ヲ掌ラシム，○此庫ハ，政府ヨリ公税ヲ以テ蓄ヘタルモノニテ，借覽ノ人ヨリ，借料ヲ収メスシテ，縦観セシム，庫ノ入口ニ廣堂アリ，四五百人ヲ坐セシムヘシ，榻ト案トヲ備フ，此ニ守人アリ，觀ンヿヲ望ム人アレハ，取次テ此ニテ與ヘテ觀セシム，持出ルヿハ禁制ナリ，○此庫ノ奥ニ，各國ノ書ヲ藏スル一廊アリ，支那書，印度書，緬甸（ビルマン）書，亜剌伯（アラビア）書，波斯（ペルシャ）書ナト，ミナ備ル，日本書ノ棚モアリ，其内ニ，慶長年間ニ翻訳セル，「キリシタン教（即天主教）ノ書アリ，其文體ハ極テ俚俗解シ易キ文ニテ，字様ハ平假名ヲ用ヒ，曾我物語，太閤記横本ヲミルカ如シ，一部數冊ノ書ナリ，我邦ニテハ久シキ厲ニテ，嘗テカヽル板本アリシヿ，誰モ知ル人ナキ奇本ナリ，支那書ヲ藏セル廊ニハ，夏禹ノ建タル，■山碑文ノ石摺，及ヒ周宜ノ石鼓文ナトヲ首トシテ，三四千年ノ古ヲ温ネテ，今日ニ至ル，此ニ數月留リテ詳覽セハ，和漢ノ奇書モ亦多ク熟覽スルヲ得ルヘシ，○又此ニ一千四百年代ノ地球圖アリ，此時代ノ絵圖ハ，素リ世界ノ圓形ナルヿモシラス，海陸ノ圖取，甚タ麤濶ニテ，支那人ノ地圖ヲミルカ如ク，各國ノ形状モ誤リ多シ，又歐羅巴ノ圖モ，海濱ハ頗ル詳カナレトモ，内地ハ模糊ナル所多シ，露西亜，瑞典ノ奥ナトハ，圖ニ入レスシテ略シタリ，又一千七百年末ノ圖アリ，是モ猶迂濶ニテ，我日本ヲ，支那ノ東ニ位スル一大洲ノ如ク，加利福尼洲（カリホールニヤ）ヲ，米ノ西方ニ位スル一大洲ノ如ク書ケリ，又同時ノ大地球儀アリ，其徑一丈アリヌヘシ，地理ハ麤ナレトモ，機巧ハ巳ニ至レリ○此書債昌附屬セル，博古館アリ，此内ニ蓄ヘタル古器，ミナ類ヲ抜ク，精選ノ珍器ニテ，巴庇倫ノ古代ヨリ希臘，羅馬，古代ノ純金盂，同ク「オクダニュス帝ノ玉器ノ如キハ，世界ニ比類キ珍寶ナリ，古ノ金銀幣ハ，其丙ヨリ尤モ完全ニテ瑕ナキモノヲ，選ミ備ヘタルモノニテ，尋常ノ古幣ト概見シ難シ，此等ヲシュトシテ，人目ヲ驚カス者甚タ多シ，（以下，略）

資料 9　『米国百年期博覧会教育報告』（抄）　（第 11 章関連）

出典：『米國百年期博覧会教育報告』巻三，20 丁左―26 丁左

所引：近代デジタルライブラリー http://kindai.ndl.go.jp/info:ndljp/pid/809602（'13.10.31 現在参照可）

編集注：原文は手書きのためか，舘＝館，𠩄＝所，藏＝蔵が混在している

■書籍館（ママ）

公共書籍舘（パブリックライブラリー）（何人ニテモ代料ヲ沸ハスシテ縦覧スルコトヲ得ル書籍館（ママ）ナリ）ノ人民教育ヲ助クルノ益多キハ四十年来米國人ノ論説スル𠩄ニシテ初メ紐育（ニュウヨルク）州馬沙朱些斯（マサチユセッツ）州ニ於テ公共書籍館ヲ設ケシヨリ之ニ傚フテ公共書籍館ヲ建テタルモノ殆ント二十州ニ及ヒ其数次第ニ増加シ書籍館ノ建築並藏書ノ出納目録ノ編成法等別ニ一學科ト為ルニ至レリ是ニ於テ総政府教育寮ノ長官米國書籍館報告書ヲ編マンコトヲ建言シ一千八百七十年ヨリ著手シ七十六年ニ至テ大成セリ之ヲ米國書籍舘報告書ノ始トス

現今米國内ノ都府ニハ殆ント公共書籍舘ノ設ケ有ラサル𠩄無ク山村埜邑ノ貧民ニテモ書籍ヲ得ルコト難カラス退テ百年前ヲ顧ミレハ人口甚タ寡ク加之鐵路未タ開ケス郵便未タ整ハス僻阪ノ人民ハ容易ニ書籍ヲ得ルコト能ハス都府ト雖モ肆多カラス印刷盛ンナラス且ツ無

謝小學ヲ設ケ廣ク人民ヲ教育スルノ論未タ起ラサリシヲ以テ公共書籍舘ヲ置キ無代價ニテ縦覧セシムルノ思想モ未タ生セサリキ故ニ当當ノ書籍舘ハ大抵學校若クハ社中ノ私有タリ蓋シ人民無謝教育ノ益ヲ熟知シタル後ニ非サレハ公共書籍舘ノ利アルヲ鮮スルコト能ハス（以下，略）

資料 10　公立書籍館ノ設置ヲ要ス（第 11 章関連）

出典：『文部省第四年報』pp.21-2　所引：文部省編『文部省年報第 4（明治 9 年）』（復刻版）宣文堂，1964 年

■公立書籍館ノ設置ヲ要ス

公立學校ヲ設置シ人民ノ智識ヲ闡發スルニ至リテハ各地方教育者ノ嘗テ殫思スル所ニシテ夙ニ吾儕ノ素願ヲ満タシムルニ足ルモノアリ而シテ此他尚目下ニ施行スヘキ緊切ノ件アリ即公立書籍舘（ママ）ノ設置ヲ要スル是ナリ夫レ學校ノ事業ハ尋常普通欠ク可ラサルモノト雖男女各爲スヘキノ職務アリ或ハ己ヲ得サルノ障碍ニ會シ半途ニシテ其志ヲ遂ケス徒ニ前功ヲ放棄スル者比々然リトス公立書籍舘ノ設置ハ此輩ヲシテ啻ニ曩時ノ修習スル所ヲ操繹セシムルノミナラス更ニ其學緒ヲ續成シ終ニ一大美帛ヲ織出スヘキ良機場ヲ開クモノナリ然ハ則公立學校ノ設置ト公立書籍舘（ママ）ノ設置トハ固ヨリ圭伴ノ關係ヲ有シ互ニ相離ルヘキニ非ス今ヤ公立學校ノ設置稍多キヲ加フルノ秋ニ際シ獨リ公立書籍館ノ設置綦タ少ナキハ教育上ノ缺憾ト謂ハサルヲ得ス吾儕ハ切ニ望ム各地方教育者ノ公立書籍舘ノ特ニ有益ナル理由ヲ認知シ都鄙各其便宜ヲ計リ逐次設置ヲ圖ルノ佳擧ニ注意アランコトヲ其厦屋ノ如キハ之ヲ構造スルヲ得サルノ地方ハ學校ニ附屬スルモ可ナリ又ハ寺堂社宇ヲ假用スルモ可ナリ且其排列スル所ノ書籍ノ如キハ専ラ必需ノ種類ヲ蒐集スヘク歸スル所ハ盧飾ヲ去リ實利ニ就キ勉メテ人民ノ志好ニ投シ以テ社曾ノ文運ヲ振興スルニ在リ蓋公立書籍館ノ設置踵ヲ各地方ニ接シ漸ク著効ヲ見ルヘキノ日ニ及ヒテハ政府モ亦其費額ノ幾分ヲ補給スルハ敢テ不當ニ非サルヲ信ス

明治十年十二月　文部大輔田中不二麻呂

資料 11　図書館統計（公共図書館）（第 11 章関連）

出典：文部省『学制百年史資料編』1972 年，pp.450-451 より作成

年度 1800-1900	館数				図書冊数（千冊）	閲覧人員（千人）
	計	国立	公立	私立		
73(明 6)	1	1	-	-	13	-
74(明 7)	-	-	-	-	-	-
75(明 8)	5	1	3	1	-	-
76(明 9)	5	1	3	1	-	-
77(明 10)	10	3	5	2	187	15
78(明 11)	10	3	5	2	123	33
79(明 12)	15	3	10	2	93	89
80(明 13)	21	4	15	2	119	84
81(明 14)	1	1	-	-	-	-
82(明 15)	20	3	16	1	146	142
83(明 16)	24	3	16	5	158	159
84(明 17)	25	3	16	6	157	190
85(明 18)	25	2	23	-	151	-
86(明 19)	21	2	14	5	179	-
87(明 20)	16	2	9	5	137	-
88(明 21)	20	2	9	9	147	-
89(明 22)	17	2	7	8	152	80
90(明 23)	20	2	8	10	203	80
91(明 24)	20	3	7	11	199	101
92(明 25)	24	1	7	16	328	126
93(明 26)	25	1	5	19	332	117
94(明 27)	25	1	5	19	416	119
95(明 28)	25	1	4	20	441	116
96(明 29)	27	1	6	20	492	119
97(明 30)	31	1	9	21	511	136
98(明 31)	33	1	10	22	522	148
99(明 32)	38	1	12	25	547	163
00(明 33)	43	1	15	27	526	196
01(明 34)	50	1	14	35	619	242
02(明 35)	67	1	20	46	722	324
03(明 36)	86	1	28	57	993	565
04(明 37)	100	1	30	69	1,094	704
05(明 38)	101	1	30	70	1,277	705
06(明 39)	127	1	35	91	1,450	950
07(明 40)	151	1	46	104	1,616	1,031
08(明 41)	200	1	64	135	2,018	1,375
09(明 42)	281	1	97	183	2,272	2,048
10(明 43)	374	1	128	245	2,645	2,446
11(明 44)	445	1	164	280	2,750	2,950
12(明 45)	541	1	212	328	3,051	3,954
13(大 2)	625	1	245	379	3,360	5,317
14(大 3)	708	1	293	414	3,690	5,774
15(大 4)	900	1	393	506	4,060	6,939
16(大 5)	1,092	1	517	574	4,325	8,567
17(大 6)	1,237	1	640	596	4,421	8,471
18(大 7)	1,359	1	758	600	4,775	9,517
19(大 8)	1,511	1	877	633	5,023	10,022
20(大 9)	1,670	1	1,064	605	5,162	10,911
21(大 10)	2,055	1	1,228	826	5,652	12,701
22(大 11)	2,390	1	1,420	969	5,940	14,828
23(大 12)	2,937	1	1,666	1,270	6,169	16,886

24(大 13)	3,404	1	2,117	1,286	7,038	19,209
25(大 14)	3,904	1	2,546	1,357	7,192	21,058
26(大 15)	4,337	1	2,933	1,403	7,624	20,964
27(昭 2)	4,306	1	2,962	1,343	8,182	22,165
28(昭 3)	4,490	1	3,152	1,337	8,592	22,847
29(昭 4)	4,553	1	3,191	1,361	9,276	22,835
30(昭 5)	4,609	1	3,234	1,374	9,636	23,355
31(昭 6)	4,609	1	3,265	1,343	10,130	24,979
32(昭 7)	4,686	1	3,296	1,389	10,563	24,766
33(昭 8)	4,634	1	3,277	1,356	10,762	24,949
34(昭 9)	4,794	1	3,347	1,446	11,376	24,668
35(昭 10)	4,759	1	3,350	1,408	12,317	24,202
36(昭 11)	4,730	1	3,344	1,385	12,648	24,126
37(昭 12)	4,752	1	3,380	1,371	12,985	24,551
38(昭 13)	4,753	1	3,405	1,347	13,550	24,158
39(昭 14)	3,794	1	3,459	1,334	14,213	24,086
40(昭 15)	4,776	1	3,451	1,324	14,562	24,973
47(昭 22)	1,551	1	1,386	164	15,265	8,553
50(昭 25)	972	-	935	37	9,093	11,488
(以下，略)						

資料 12　図書館設立ニ関スル注意事項（第 11 章関連）

出典：小松原英太郎「図書館ニ関スル訓令」1910 年　所引：小川徹・山口源治郎『図書館史─近代日本篇』（新編図書館学教育資料集成 7）教育史料出版会，1987 年，pp.62-64

曩ニ図書館令発布セラレシヨリ以来公立私立図書館ノ設置漸ク多キヲ加フルノ状アルハ洵ニ喜フヘキ現象ナリトス然レトモ此等図書館ノ内容ヲ観察スレハ往々施設未タ其ノ宜シキヲ得サルモノナキニアラス依テ茲ニ図書館ノ施設ニ関シ特ニ注意ヲ要スル事項ヲ掲ケ以テ大体ノ標準ヲ示サントス

図書館ノ施設ハ規模ノ大小ニ応シテ取捨斟酌宜シキヲ得サルヘカラス近時各地方ニ於テ設立セラルル通俗図書館又ハ小学校ニ附設スル図書館ノ類ハ施設其ノ宜シキヲ得ルトキハ小学校及家庭ノ教育ヲ裨補スル上ニ於テ其ノ効益尠少ニ非サルヘシ而シテ此ノ類ノ図書館ニ在テハ健全有益ノ図書ヲ選択スルコト最肝要ナリトス故ニ成ルヘク其ノ施設ヲ簡易ニシ主トシテ力ヲ有益ナル図書ノ蒐集ニ用ヒシメンコトヲ要ス若シ夫レ相当ノ資力ヲ有シ完全ナル図書館ヲ設立セントスルモノニ在リテハ地方ノ実況ニ応シテ成ルヘク此ノ標準ニ準拠シテ適当ノ施設ヲ為サシメ以テ十分ノ効果ヲ収メンコトヲ期セシムヘシ

右訓令ス

明治四十三年二月三日　文部大臣小松原英太郎

図書館設立ニ関スル注意事項

一，図書館ハ学術研究ニ資スルト共ニ一般公衆ノ読書趣味ヲ涵養シ其ノ風尚ヲ高メ其ノ智徳ヲ進ムルノ用ニ供スルモノナレハ図書館ノ種類目的ニ応シ適当ニシテ有益ナル書籍ヲ選択蒐集センコトヲ要ス通俗図書館ニ在リテハ殊ニ然リトス依テ其ノ蒐集スヘキ書籍ハ勿論其ノ寄贈ニ依ルモノノ如キモ一般公衆殊ニ青年児童ノ閲覧ニ供スヘキ雑誌類ニ就キテハ十分取捨選択ニ注意シ最モ健全ニシテ有益ナルモノヲ選ミテ閲覧用ノ書目ヲ調製スヘシ

一，数個ノ図書館ヲ有スル地方ニ於テハ成ルヘク毎年各図書館主任者ノ会議ヲ開キ其ノ閲覧ニ供スヘキ図書ノ種目ニ関シ標準ヲ議定スルヲ可トス

一，図書館ハ単ニ其ノ地方ニ古来存在セル古書類ヲ収容シ又ハ寄贈ヲ受ケテ之ヲ閲覧セシムルニ止マラス常ニ有益ナル新刊図書ノ増加ヲ図リ館内ニ於テ閲覧ニ供スルハ勿論広ク館外ニ貸出シ稍々規模ノ大ナル図書館ニアリテハ或ハ分館ヲ設ケ或ハ巡回文庫ノ制ヲ立ツル等成ルヘク地方一般ニ書籍ノ供給ヲ図ランコトヲ要ス

一，図書館ハ一般公衆ノ智識ヲ進メ修養ニ資スヘキハ勿論ナリト雖特ニ学校及家庭ト相待テ教育ノ効果ヲ収ムルコトニ務メ或ハ学校ト聯絡シテ教員ノ学科教授上ニ於ケル参考ニ供シ或ハ家庭ニ対シテ其ノ子弟ノ閲読スヘキ健全ナル良書ノ標準ヲ示シ以テ子弟ヲシテ幼時ヨリ陋劣ナル書籍ヲ手ニセサルノ習慣ヲ養成セシムヘシ

一，図書館ハ土地ノ情況及読者ノ種類ニ応シ適切ナル図書ノ選択ヲ為ササルヘカラス例ヘハ工業地ニハ工業ニ商業地ニハ商業ニ農業地ニハ農業ニ関シ各必要ナル図書ヲ供給スルカ如シ又其ノ所在地方ニ関スル図書記録類並其ノ地方人士ノ著述ヲ蒐集スルコト最肝要ナリトス

一，図書館ヲ建設セントスルニ方リテ府県庁所在地其他稍々大ナル市街地ニ在リテハ其ノ敷地ハ主トシテ交通，風教，衛生ノ諸方面ヨリ観察シテ最モ適当ナル場所ヲ選ヒ其ノ建築ハ閲覧，管理，衛生上ノ便ヲ図リ力メテ外観ノ虚飾ヲ去リ質素堅牢ヲ旨トスヘシ而シテ土地ノ情況ニ依リ図書館ノ敷地ヲ交通ノ便ナル所ニ求メ難キトキハ分館又ハ巡回文庫ノ制ニ依リ其ノ欠点ヲ補足スルヲ可トス

一，図書館ノ設備ハ概ネ左ノ各号ニ依ルヘシ但簡易ナル図書館並小学校等ニ附設スルモノノ此ノ例ニ依ルコトヲ要セス

（一），図書館ハ閲覧室，書庫及事務室ヲ区分スルヲ可トス其ノ他地方ノ必要ト経費ノ多少トニ相応シ成ルヘク児童室，婦人室，特別閲覧室，休憩室，製本室，使丁室等ヲ設クルヲ便トス

（二），閲覧室ノ構造ハ主トシテ通風及採光ニ注意スヘク書庫ハ成ルヘク煉瓦造又ハ土蔵造トシ廊下

ヲ以テ閲覧室ニ接続セシメ点燈其ノ他必要已ムコトヲ得サル場合ノ外火気ヲ其ノ内ニ入レサルヲ可トス書庫ノ天井ト床トノ距離ハ九尺乃至十尺トシ書函ト側壁トノ間隔及書函ト書函トノ間隔ハ共ニ約二尺五寸トシテ之ヲ通路ニ充ツルヲ可トス

（三），器具ハ閲覧室用卓子，椅子，図書出納台，牌子目録函，辞書台，貸出目録函ノ類ニシテ実際ノ必要ニ応シ成ルヘク之ヲ具備スルヲ可トス

（四），帳簿目録類ハ事務用トシテ図書原簿，函架目録，事務用牌子目録，貸出牌子目録等ニシテ閲覧用トシテ件名目録，洋書著者目録，同分類目録，和漢書書名目録，同分類目録等ニシテ実際ノ必要ニ応シ成ルヘク之ヲ具備スルヲ可トス而シテ目録類ハ原簿，函架目録ノ類ヲ除クノ外成ルヘク一般ニ牌子式ニ依リ帳簿記入式ニ依ラサルヲ便トス

資料 13　巡回文庫（抄）　（第 11 章関連）

出典：「山口県立山口図書館報告第一」1905 年　所引：石井敦編『佐野友三郎』（個人別図書館論選集）日本図書館協会，1981 年，pp.133-136

編集注：佐野はほかの多くの著作では「巡回文庫」という語を用いているが，本論で「巡回書庫」となっているのは，山口県が規則で「書庫」としたことによる。

■巡回書庫

本館ハ其ノ成立状態ニ鑑ミ，一面本県各種事業ノ参考機関タランコトヲ期スルト共ニ，無料公共図書館主義ヲ採リ，本館ノ効果ヲ県内到ル所ニ普及セシムルノ必要ヲ認メ，五十冊ナイシ百冊内外ノ通俗図書ヲ一定ノ書函ニ収メ，使用期限ヲ定メテ，之ヲ各所ニ回付シ，所在公衆ノ閲覧ニ供スル方案ヲ設ケ，之ヲ巡回書庫（ツラヴェリング・ライブラリーズ）ト称シ，三十七年一月ヨリ施行セリ（本館規則第六章巡回書庫ニ関スル規定参照）。

始メテ巡回書庫ノ施設ニ着手シタル当時ハ，県内郡市役所ニ各一個号ヲ配付シ，四ケ月毎ニ交換シテ郡市長管理ノ下ニ地方公衆ニ閲覧セシメ，三十八年度ヨリハ，更ニ本館所在地以外ノ県立学校ニ回付シテ職員生徒ノ閲覧ニ供シ，三十九年度ヨリハ，公私立図書館ニモ亦之ヲ回付スルコトトセリ。目下本館ヨリ巡回書庫ノ回付ヲ受クルモノハ，郡市役所十二，県立学校七，公私立図書館十一，計三十個所ニシテ，郡市役所ト図書館トハ四ケ月毎ニ交換シ県立学校ハ一学期ニ交換シ各所トモ一ケ年ヲ通シテ三個号ノ配付ヲ受クヘキ割合ナリ。

巡回書庫ノ編成ハ，施設ノ当初ニアリテハ，元本県知事武田千代三郎氏ガ離任ノ際，巡回書庫用トシテ特ニ寄贈セラレタル図書ヲ主トシ，之ニ他ノ寄贈書及本館購入書ヲ併セテ姑ク固定編成トナシ，各郡市間ヲ逓送セシメタレトモ，郡市学校図書館ニ於ケル巡回書庫ノ管理者ヲシテ充分ノ責任ヲ以テ之ヲ運用セシメントスルニハ，専ラ直接需要者ノ請求ニ基キテ編成スルヲ至当ナリトシ，且副本（ママ）数モ漸次増加シタルニヨリ，三十八年度末ニ於テ，巡回書庫ニ編入シ得ヘキ副本ヲ調査シ，巡回書庫選択目録ヲ編成シテ（爾後随時増訂追加ス），郡市学校図書館ニ於ケル巡回書庫交換期日表ト共ニ之ヲ県内各所ニ配付シ，巡回書庫ニヨリテ本館ノ図書ヲ閲覧セントスル者ハ，選択目録ニツキテ希望ノ図書ヲ選択シ，交換期日一ケ月前ニ本館ニ請求セシメ，本館ニ於テハ請求ニ基キテ一ケ月内ニ回付ノ準備ヲ了ヘ，期日ヲ違エズ，之ヲ郡市学校図書館ニ回付スルトキハ，郡市学校図書館ヨリハ使用ヲ了リタル巡回書庫ヲ本館ニ返送シ来ルカ故ニ，本館ニ於テハ，図書閲覧請求簿及特許帯出証ニツキテ巡回中ノ成績ヲ調査シ，帰着シタル図書ハ請求ニ基キテ，更ニ之ヲ他ノ郡市学校図書館ニ回付スルナリ（巡回書庫取扱手続参照）。（以下，略）

資料 14　図書館令　（第 11 章関連）

1933（昭和 8）年 7 月 1 日公布勅令第 175 号

第一条　図書館ハ図書記録ノ類ヲ蒐集保存シテ公衆ノ閲覧ニ供シ其ノ教養及学術研究ニ資スルヲ以テ目的トス

図書館ハ社会教育ニ関シ附帯施設ヲ為スコトヲ得

第二条　北海道府県，市町村，市町村学校組合，町村学校組合並ニ町村制ヲ施行セザル地域ニ於ケル町村ニ準ズベキ公共団体及其ノ組合ハ図書館ヲ設置スルコトヲ得

第三条　道府県立図書館ハ地方長官，市町村立図書館ハ市町村長之ヲ管理ス

前項中市町村ノ図書館ニ関スル規定ハ市町村学校組合，町村学校組合並ニ町村制ヲ施行セザル地域ニ於ケル町村ニ準ズベキ公共団体及其ノ組合ノ図書館ニ関シ之ヲ準用ス

第四条　商工会議所，農会其ノ他ノ公共団体ハ図書館ヲ設置スルコトヲ得

前項ノ規定ニ依リ設置シタル図書館ハ私立トス

第五条　私人ハ図書館ヲ設置スルコトヲ得

第六条　図書館ハ公立又ハ私立ノ学校，博物館等ニ附設スルコトヲ得

第七条　図書館ノ設置廃止ハ道府県立ノモノニ在リテハ文部大臣，其ノ他ノモノニ在リテハ地方長官ノ認可ヲ受クベシ

図書館ノ設置廃止ニ関スル規定ハ文部大臣之ヲ定ム

第八条　図書館ニハ分館ヲ設置スルコトヲ得前条ノ規定ハ分館ノ設置廃止ニ之ヲ準用ス

第九条　図書館ノ設備及経費ニ関シ必要ナル事項ハ文部大臣之ヲ定ム

第十条　地方長官ハ管内ニ於ケル図書館ヲ指導シ其ノ

聯絡統一ヲ図リ之ガ機能ヲ全カラシムル為文部大臣ノ認可ヲ受ケ公立図書館中ノ一館ヲ中央図書館二指定スベシ

中央図書館ノ職能二関シ必要ナル事項ハ文部大臣之ヲ定ム

第十一条　図書館ニハ館長並二相当員数ノ司書及書記ヲ置クベシ

第十二条　文部大臣ハ図書館事業ノ奨励上必要アリト認ムルトキハ公立又ハ私立ノ図書館二対シ毎年度予算ノ定ムル所二依リ奨励金ヲ交付ス

第十三条　公立図書館二於テハ閲覧料又ハ附帯施設ノ使用料ヲ徴収スルコトヲ得

第十四条　私立学校令第一条，第三条，第七条及第十条乃至第十二条ノ規定ハ私立図書館二関シ之ヲ準用ス

附　則

本令ハ昭和八年八月一日ヨリ之ヲ施行ス

本令施行ノ際現二存スル私立図書館ニシテ従前ノ規定二依リ其ノ設置ヲ開申シタルモノハ本令二依リ其ノ設置二付認可ヲ受ケタルモノト看做ス

前項二規定スル図書館ノ館長ニシテ本令施行ノ際現二其ノ職二在ル者ハ本令施行後一月内二其ノ住所及氏名ヲ地方長官二届出デタル者二限リ本令二依ル認可ヲ受ケタル者ト看做ス

資料 15　全国図書館大会一覧

（第 11 章関連）

出典：日本図書館協議会『近代日本図書館の歩み　本篇―日本図書館協会創立百年記念』1993 年，pp.657-631 より作成

回	年	開催地	文部大臣諮問事項
1	1906(明 39)	東京	
2	1907(明 40)	東京	
3	1908(明 41)	東京	
4	1909(明 42)	京都	
5	1910(明 43)	東京	
6	1911(明 44)	水戸	
7	1912(明 45)	東京	
8	1913(大 2)	大阪	
9	1914(大 3)	東京	
10	1915(大 4)	熊本・佐賀	
11	1916(大 5)	山形	
12	1917(大 6)	東京	
13	1918(大 7)	新潟	
14	1919(大 8)	東京	生徒児童をして一層適切有効に図書館を利用せしむる方法如何
15	1920(大 9)	大連・奉天	
16	1921(大 10)	奈良・和歌山	
17	1922(大 11)	東京	図書館をして社会教化の中心たらしむるに適切なる方法如何
-	1923(大 12)	（関東大震災により中止）	
18	1924(大 13)	福岡・長崎	国民思想善導ニ関シ図書館ノ採ルベキ最良方策如何
19	1925(大 14)	東京	
20	1926(大 15)	東京	
21	1927(昭 2)	鹿児島	
22	1928(昭 3)	京都	輓近我カ国ニ於ケル思想ノ趨向ニ鑑ミ図書館ニ於テ特ニ留意スヘキ事項如何
23	1929(昭 4)	東京	労働者教育ニ関シ図書館トシテ施設スベキ事項如何
24	1930(昭 5)	東京	図書館ト学校トノ連絡ニ関スル最モ適切ナル方法如何
25	1931(昭 6)	金沢	図書館ノ附帯事業トシテ適当ナル社会教育施設如何
26	1932(昭 7)	東京	図書館相互ノ連絡上最モ適当ナ方案如何
27	1933(昭 8)	名古屋	非常時局ニ際シ図書館ニ於テ特ニ留意スヘキ事項如何
28	1934(昭 9)	東京	公共図書館ノ利用増進ニ関シ最モ適切ナル方案如何
29	1935(昭 10)	京都	現時ノ情勢ニ鑑ミ我国図書館事業一段ノ進展ヲ図ルヘキ方策如何
30	1936(昭 11)	東京	一般社会人ノ図書館ニ対スル認識ヲ高ムル方法如何
31	1937(昭 12)	大連・奉天・新京・哈爾浜	大東文化進展ノ為図書館ノ採ルベキ方策如何
32	1938(昭 13)	東京	国民精神総動員ノ徹底ノ為図書館ノ採ルベキ具体的方策如何
33	1939(昭 14)	東京	東亜ノ新秩序建設ノ国策ニ鑑ミ図書館ノ採ルベキ具体的方策如何
34	1940(昭 15)	（中止*）	
	1941(昭 16)	（第 1 回全国図書館綜合協議会として開催）	
	1942(昭 17)	（日本図書館協議会第 1 回綜合協議会）	
	1943(昭 18)	（日本図書館協議会第 2 回部会綜合協議会）	

＊中止された 34 回目の大会は，第二次世界大戦後の 1949（昭和 24）年にあらためておこなわれた。以降，毎年開催。

資料 16　中小レポート（抄）

（第 11 章関連）

出典：日本図書館協会『中小都市における公共図書館の運営』1963 年，pp.22-24

113　中小公共図書館こそ公共図書館である

中小公共図書館の運営基準案を作製するのが，この委員会の任務であった。そのために各種の調査研究を 3 カ年にわたって積み上げた結果，われわれは発足当

初には予見もしなかった深い感慨を以て，つぎのことをはっきりと認識させられた。

中小公共図書館こそ公共図書館の全てである。

この認識が，3カ年を経てはじめて納得されたということで，われわれ委員の不明をわらうことは自由であるし，また，それをわらえる人の多ければ多い程，日本の公共図書館進展のために喜ばしいことと思う。ということは，われわれが接触した中小図書館職員（館長を含めて）の多くが，何んらかの意味で，府県立図書館その他のいわゆる大図書館に対しての劣等と羨望の意識，またはそれを裏返した対抗意識を持っていたことである。これを逆に見れば，府県立その他の大図書館の職員達が，中小図書館を見るのに，自分達の館に，人員規模等の点で及びのつかない，未発達の弱小図書館としている，わらうべき認識不足と事大主義との反映であるといってよい。

われわれの委員会は，以上のような意識を全公共図書館が一日も早くぬぐいさり，その「俗説」を葬り去ることを，この報告書の使命の一つと考え，「中小図書館こそ，公共図書館の全てである」ことを，以下に重ねて強調したい。

(1) 日本国民＝利用者とは，地域住民＝市町村民の総称である。

新憲法の精神や図書館法の理念から，日本国民は公共図書館のサービスを，自由，平等，無料に受けられる権利をもっている。しかし，法的に規定されていることと，その権利が行使できることとの間には大きな断絶がある。サービスが受けられる筈だということと，実際にサービスを受けることとは非常な違いがある。従って，日本国民が自由，平等，無料で公共図書館サービスを受けられるとは，次のようにいい換えねばならない。すなわち，日本国民は都道府県民の集合体であり，都道府県民である前に，市区町村民としての生活者である。従って，日本国民は，彼等が実際に生活する小地域（市区町村）に設けられた公共図書館のサービス・エリアの中に含まれてこそ，上記の図書館サービスが受けられるのである。こう考えれば，図書館法のサービス理念は，中小図書館のサービス内容を規定していると言うべきである。

(2) 利用者は大図書館を望んでいない。

四つの島に散在する日本国民が，公共図書館のサービスを受けようとして，例えば東京に在る国立国会図書館をどのようにして利用できるだろうか。また，市町村に散在して生活する2，3百万の県民が，府県庁所在地に在る府県立図書館を直接に利用できるであろうか。利用者にとっては，生活の場の手近な所に在る，または通勤通学の途中に立ち寄れる近距離に在る数多い図書館施設（建物に限らない）を望んでいるのが実情である。彼等は実際に借ることのできる一冊の本，生活上の疑問の解決にかけつけることのできる図書館さえ在れば，府県立図書館その他の大図書館については関知する必要はないと言ってよい。

(3) 大図書館は，中小図書館の後楯として必要である。

上記(イ)(ロ)(ママ)の意味で，全国いたるところに中小図書館が設立普及されるよう急がれねばならないが，現実には地方財政のひっ迫によって，県立その他の大(?)図書館のみが，相次いで設立されている。しかし，われわれは目の前の事象に目を奪われて，本質を忘れてはならない。つまりより大きな図書館は，それが利用者の近くに存在する中小図書館を，何らかの意味で援助し，後援してくれる確証があってこそ，その存在が公共図書館として是認されるのである。都道府県立や国立の図書館は，中小図書館を通じてのみ，真に全県民に，全国民に公共図書館サービスをしていると言いうるのである。府県立以上の大図書館が，一日も速やかに所在都市対象の館内閲覧中心主義を脱皮すること，また.その図書館奉仕においても，中小図書館をたすけ，それを育てる方向にそのサービス形態を再編成することを希ってやまない。

そして以上のことは府県立図書館その他大図書館自身の重大な体質改善と，今後の日本の公共図書館の在り方を規定するいわゆる，ナショナル・プランに関連する問題でもある。しかし，これはわれわれの任務をこえたことであり，他の機関の検討に期待したい。（以下，略）

資料17　As We May Think（抄）（第14章関連）

出典：Vannevar Bush, The Atlantic Monthly, Vol.176, No. 1, July 1945, pp.101-108.

6

The real heart of the matter of selection, however, goes deeper than a lag in the adoption of mechanisms by libraries, or a lack of development of devices for their use. Our ineptitude in getting at the record is largely caused by the artificiality of systems of indexing. When data of any sort are placed in storage, they are filed alphabetically or numerically, and information is found (when it is) by tracing it down from subclass to subclass. It can be in only one place, unless duplicates are used; one has to have rules as to which path will locate it, and the rules are cumbersome. Having found one item, moreover, one has to emerge from the system and re-enter on a new path.

The human mind does not work that way. It

operates by association. With one item in its grasp, it snaps instantly to the next that is suggested by the association of thoughts, in accordance with some intricate web of trails carried by the cells of the brain. It has other characteristics, of course; trails that are not frequently followed are prone to fade, items are not fully permanent, memory is transitory. Yet the speed of action, the intricacy of trails, the detail of mental pictures, is awe-inspiring beyond all else in nature.

Man cannot hope fully to duplicate this mental process artificially, but he certainly ought to be able to learn from it. In minor ways he may even improve, for his records have relative permanency. The first idea, however, to be drawn from the analogy concerns selection. Selection by association, rather than indexing, may yet be mechanized. One cannot hope thus to equal the speed and flexibility with which the mind follows an associative trail, but it should be possible to beat the mind decisively in regard to the permanence and clarity of the items resurrected from storage.

Consider a future device for individual use, which is a sort of mechanized private file and library. It needs a name, and, to coin one at random, "memex" will do. A memex is a device in which an individual stores all his books, records, and communications, and which is mechanized so that it may be consulted with exceeding speed and flexibility. It is an enlarged intimate supplement to his memory.

It consists of a desk, and while it can presumably be operated from a distance, it is primarily the piece of furniture at which he works. On the top are slanting translucent screens, on which material can be projected for convenient reading. There is a keyboard, and sets of buttons and levers. Otherwise it looks like an ordinary desk.

In one end is the stored material. The matter of bulk is well taken care of by improved microfilm. Only a small part of the interior of the memex is devoted to storage, the rest to mechanism. Yet if the user inserted 5000 pages of material a day it would take him hundreds of years to fill the repository, so he can be profligate and enter material freely.

Most of the memex contents are purchased on microfilm ready for insertion. Books of all sorts, pictures, current periodicals, newspapers, are thus obtained and dropped into place. Business correspondence takes the same path. And there is provision for direct entry. On the top of the memex is a transparent platen. On this are placed longhand notes, photographs, memoranda, all sorts of things. When one is in place, the depression of a lever causes it to be photographed onto the next blank space in a section of the memex film, dry photography being employed.

There is, of course, provision for consultation of the record by the usual scheme of indexing. If the user wishes to consult a certain book, he taps its code on the keyboard, and the title page of the book promptly appears before him, projected onto one of his viewing positions. Frequently-used codes are mnemonic, so that he seldom consults his code book; but when he does, a single tap of a key projects it for his use. Moreover, he has supplemental levers. On deflecting one of these levers to the right he runs through the book before him, each page in turn being projected at a speed which just allows a recognizing glance at each. If he deflects it further to the right, he steps through the book 10 pages at a time; still further at 100 pages at a time. Deflection to the left gives him the same control backwards.

A special button transfers him immediately to the first page of the index. Any given book of his library can thus be called up and consulted with far greater facility than if it were taken from a shelf. As he has several projection positions, he can leave one item in position while he calls up another. He can add marginal notes and comments, taking advantage of one possible type of dry photography, and it could even be arranged so that he can do this by a stylus scheme, such as is now employed in the telautograph seen in railroad waiting rooms, just as though he had the physical page before him.

7

All this is conventional, except for the projection forward of present-day mechanisms and gadgetry. It affords an immediate step, however, to associative indexing, the basic idea of which is a provision whereby any item may be caused at will to select immediately and automatically another. This is the essential feature of the memex. The process of tying two items together is the important thing.

（略）

8

Wholly new forms of encyclopedias will appear, ready made with a mesh of associative trails running through them, ready to be dropped into the memex and there amplified. The lawyer has at his touch the associated opinions and decisions of his whole experience, and of the experience of friends and authorities. The patent attorney has on call the millions of issued patents, with familiar trails to every point of his client's interest. The physician, puzzled by a patient's reactions, strikes the trail established in studying an earlier similar case, and runs rapidly through analogous case histories, with side references to the classics for the pertinent anatomy and histology. The chemist, struggling with the synthesis of an organic compound, has all the chemical literature before him in his laboratory, with trails following the analogies of compounds, and side trails to their physical and chemical behavior.

The historian, with a vast chronological account of a people, parallels it with a skip trail which stops only on the salient items, and can follow at any time contemporary trails which lead him all over civilization at a particular epoch. There is a new profession of trail blazers, those who find delight in the task of establishing useful trails through the enormous mass of the common record. The inheritance from the master becomes, not only his additions to the world's record, but for his disciples the entire scaffolding by which they were erected.

Thus science may implement the ways in which man produces, stores, and consults the record of the race.（以下，略）

索　引

｜さ｜

|た|

|な|

|は|

┃ま┃

┃や┃

┃ら┃

┃わ┃

<監　修>
二村　　健　明星大学教育学部教授

<編著者>
千　　錫烈（せん・すずれつ）
第1章，第5章2・3節，第6章，第10章，第15章1節，付録1・2
筑波大学大学院図書館情報メディア研究科博士後期課程満期退学，修士（図書館情報学）。盛岡大学文学部准教授を経て，現在，関東学院大学社会学部准教授。情報メディア学会理事。
共著書：『情報サービス論』（学文社，2013年），論文：「図書館における問題利用者：コミュニケーション・スキル を用いた「怒り」への対処法」『情報の科学と技術』（2010年），「いわて高等教育コンソーシアム『被災地の図書修復及び整備についての研究チームの活動報告』—陸前高田市立図書館郷土資料救済の取組みについて—」『図書館雑誌』（2013年）ほか

<著　者>
竹之内　禎（たけのうち・ただし）第2章，第3章，第13章1節，第15章3節
東海大学准教授
竹之内明子（たけのうち・あきこ）第4章1・2節
元東京大学駒場図書館司書
吉田　　隆（よしだ・たかし）第4章3節
神奈川大学国際経営研究所客員研究員，東海大学ほか非常勤講師
大井　奈美（おおい・なみ）第5章1節，第8章
東海大学・大妻女子大学非常勤講師
森　　智彦（もり・ともひこ）第5章4節
東海大学教授
鈴木　亮太（すずき・りょうた）第7章
法政大学兼任講師，二松学舎大学ほか非常勤講師
坂本　　俊（さかもと・しゅん）第9章
安田女子大学助教
二村　　健（にむら・けん）第11章，付録2
明星大学教授
中山　愛理（なかやま・まなり）第12章
大妻女子大学専任講師
田嶋　知宏（たじま・ちひろ）第13章2節
常盤大学助教
中林　幸子（なかばやし・ゆきこ）第13章3節
四国大学専任講師
西田　洋平（にしだ・ようへい）第14章，第15章2節
東京薬科大学非常勤講師
片山　ふみ（かたやま・ふみ）付録1
聖徳大学専任講師
野口　康人（のぐち・やすひと）付録1
目白大学非常勤講師
（※執筆順）

[ベーシック司書講座・図書館の基礎と展望10]
図書・図書館史

2014年2月28日　第1版第1刷発行
2015年10月5日　第1版第2刷発行

監　修　二村　　健
編著者　千　　錫烈

発行者　田中　千津子
発行所　株式会社　学文社
〒153-0064　東京都目黒区下目黒3-6-1
電話　03（3715）1501㈹
FAX　03（3715）2012
http://www.gakubunsha.com

印刷　新製版

乱丁・落丁の場合は本社でお取替えします。
定価は売上カード，カバーに表示。

ISBN978-4-7620-2200-5